超解釈

キルケゴールの教え

「絶望」を考え抜いた哲学者に学ぶ
「詰んだ」人生から抜け出す方法

堤 久美子

光文社

はじめに

この本を手にとっていただきありがとうございます。

突然ですが、あなたは絶望していますか？

この本のサブタイトルは、『「絶望」を考え抜いた哲学者に学ぶ「詰んだ」人生から抜け出す方法』です。これに惹《ひ》かれてページを開いた人もいるでしょうから、なかには「絶望しています」と答える人もきっといると思います。

仕事がうまくいかない、家族と折り合いが悪い、失恋した、お金がない、将来が不安で仕方ない……。

絶望の理由は人によってさまざまですが、根本的な解決方法はただひとつ。

自分の悩みを深く理解し、自分の生き方にとことん悩み（つまり、自分自身と向き合い）、魂の奥のホンネに耳を澄ませること。

私は、キルケゴールの著書『死に至る病』からこのことを学びました。

セーレン・キルケゴール（1813〜55）はデンマークの哲学者です。キリスト教を信仰し、『死に至る病』をはじめ、読者を信仰に導くために多くの著作を発表しました。『死に至る病』は「教化と覚醒のためのキリスト教的、心理学的論述」という難しい副題が表すとおり、基本はキリスト教を布教するための本です。

しかし、この本は、人々が抱える「絶望」の原因やその分類、絶望を乗り越えるヒントについても、ていねいに考察されています。そのため、絶望の指南書として、キリスト教を信仰しているか否かにかかわらず、世界中で、時代を超えて、多くの人に読みつがれてきました。

本書は、『死に至る病』などキルケゴールの著作やその考えを元に、私がキルケゴールになりきって、あなたを絶望の淵《ふち》から救い出すための本です。

キルケゴール先生が乗り移る？

申し遅れましたが、私は一般社団法人アイアイ・アソシエイツの創始者・堤久美子と申します。アイアイ・アソシエイツは、哲学をベースにした、個人の天才性を発揮する教育プログラムなどを提供する団体です。

……と書くと、何か怪しい集団のように思われそうですが、決してそんなことはありません。アイアイの講座はこれまで3万人以上の方に参加していただき、また企業の研修などにも広く導入されています。

近年は、ある県の私立高校野球部の部員指導に導入され、31年ぶりの甲子園出場にささやかながら寄与もしました。

2018年に出版した『超解釈　サルトルの教え』（光文社）もたくさんの人に読んでいただき、順調に版を重ねています。

そんな私がなぜキルケゴールになりきろうとするのか、簡単に触れさせてください。

私は、アイアイの講座でキルケゴールの哲学を取り上げるにあたり、キルケゴールの著作を自分なりに精一杯読んで理解しました。

文章は難解で、読み進めるのに時間がかかります。しかも、一度読んだだけでは内容が頭に入ってこないので、解説本を参考に、何度も何度も読み返しました。

そのうちに、キルケゴールが私の体の中に入ってきた感覚がありました。誰かと話すときも、自分の悩みについて考えるときも、キルケゴールの視点でとらえるようになったのです。

誰かの相談に乗るときも、キルケゴールの表現で解決策を話してしまう。

東北地方の北部に、巫女《みこ》さんが亡くなった人の言葉を語る「イタコの口寄せ」という風習がありますが、まさにキルケゴールの口寄せをしている気分でした。

自分のホンネを知ると絶望から抜け出せる

キルケゴールになりきっていると、自分も含めて人々のさまざまな悩みが、「自分のホンネと向き合っていない」ことからくることがわかってきました。

しかし、私が、

「人づきあいがうまくいかないのは、自分のホンネとうまくつきあえていないからです」

「イライラするのは、自分のホンネと自分との差にイライラしているからです」

「将来が不安で仕方ないのは、自分のホンネと対話ができていないからです」

などと説明すると、「いえいえ、わたし、自分のホンネで生きていますけれど」と多くの人が答えるのです。

しかし、もっと突っ込んで聞いてみると、ほとんどの場合、それは「ホンネ」ではありません。

本書でいうホンネとは、

「魂のずっと奥のほうから湧き出ようとするもの」

「何があろうと心からやり遂げたいと思うこと（使命）」

「自分が本来あるべき在り方」

のことです。

自分のホンネを知ったとき、人は、自分を悩み苦しめる目の前の問題から解放され、穏やかな心を取り戻せます。そして、使命に向かって、情熱的に生きることができるのです。

また、自分のホンネで生きるようになると、悩みに再びぶつかることがあったとしても、毅然《きぜん》と向き合い、対処できるようになります。

人生において、自分自身や自分のホンネと向き合うのは、とても大切なことです。にもかかわらず、多くの人ができていません。

向き合い方がわからない、自分のホンネなんて知りたくない、考えるのがそもそも面倒、自分のことに無関心……など理由はさまざま。実にもったいないことです。

自分のホンネに気づく方法、ホンネで生きることの大切さを、いち早く説いた哲学者こそが、キルケゴールです。「ひとりでも多くの人にホンネで生きてほしい」。私はキルケゴールになりかわって、いや、キルケゴールになりきって、本書を通してそのことをお伝えしたいと思っています。

絶望は「無限性」「有限性」「可能性」「必然性」の4タイプ

人は、他人と関わるように、自分自身とも関わっています。

行きたくない飲み会に行く。本当は苦手なコーヒーを、友人に合わせて「私も同じもの（コーヒー）」と頼んでしまう。これらは自分自身を無視した行動です。「本来の自分」とはいえません。

キルケゴールは、絶望は「本来あるべき自己を見失った状態」と考えていました。

自己を見失うのは、自分自身とうまく関わりが持てないからです。

彼は、自分自身と関わるときの要素として、「無限性」「有限性」「可能性」「必然性」「時間的なもの」「永遠なもの」の6つを挙げています。この6つの総合が、人間である、としています。

6つのどれかに傾くことなく、存在することが理想ですが、どれかに傾いてしまうと、絶望が起きるというのです。

これを踏まえて、キルケゴールは絶望を次の4タイプに分けています。

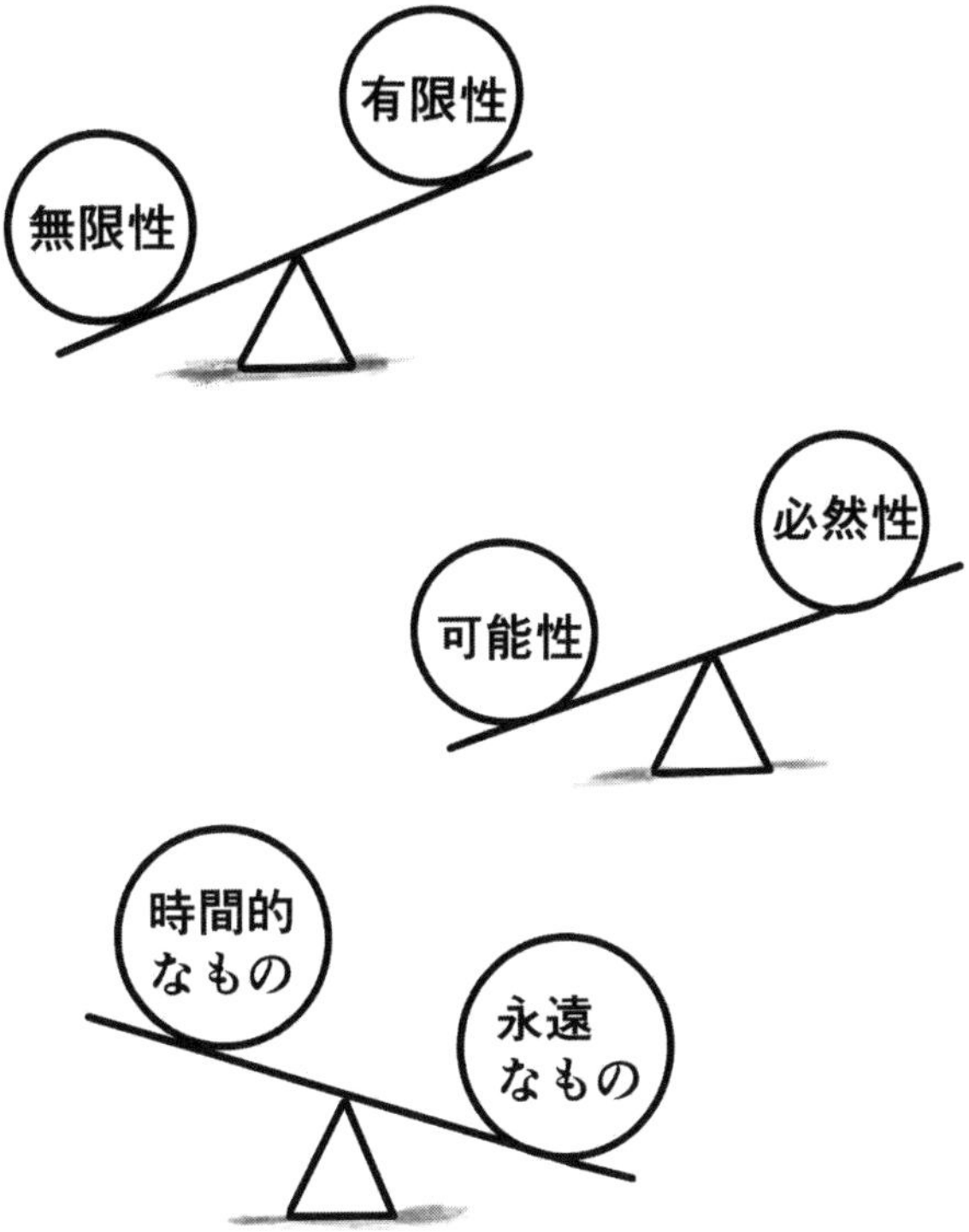

どちらに重点を置くかバランスを取りながら
自ら態度を決して(関係して)生きることで本物の自分になる。

▼絶望の4タイプ

「無限性の絶望」……空想ばかりしていて現実に目を向けない。

「有限性の絶望」……現実ばかり見て、自分が他人と同じであることに安心する。想像力を働かせない。

「可能性の絶望」……自分の未来は可能性に満ちている、自分は何でもできる、と思い込んでいる。

「必然性の絶望」……起こったことに対し、「これは必然、運命だから仕方ない」と考えがち。

本書では、自分の絶望のタイプを明らかにするために、12ページに質問形式のチャートを用意しています。まずは、これで自分の絶望タイプを理解してください。自分のタイプがわかると、絶望からの抜け出し方も見えてきます。タイプ別の対処法をヒントに、自分に向き合うとホンネに近づけます。

対処法は、Chapter 1~8の対話の中にあります。どれも、私のところに相談にみえた方の実話を元に構成しています。問題を解決された人たちのリアルなストーリーは、実践的ですぐに役立つヒントにあふれています。

また、Columnでは、キルケゴールの生涯や思想についてまとめました。キルケゴールを理解する足がかりになります。

本書は広く多くの方に役立つ内容ですが、特に、

・いま目の前の絶望に打ちひしがれている人
・自分のやるべきことが見つからない人
・自分を解放したい（自由になりたい）人
・自分をもっと深掘りしたい人
・悩みを早く解決したい人
・自分に自信が持てない人

におすすめです。

私がキルケゴールを通してホンネで生きることの大切さを知ったように、相談者たちが新しい自分を発見したように、これから本書をお読みになるみなさんが新しい気づきを得られるならば、著者としてこれ以上嬉しいことはありません。

堤久美子

あなたの絶望は何タイプ？

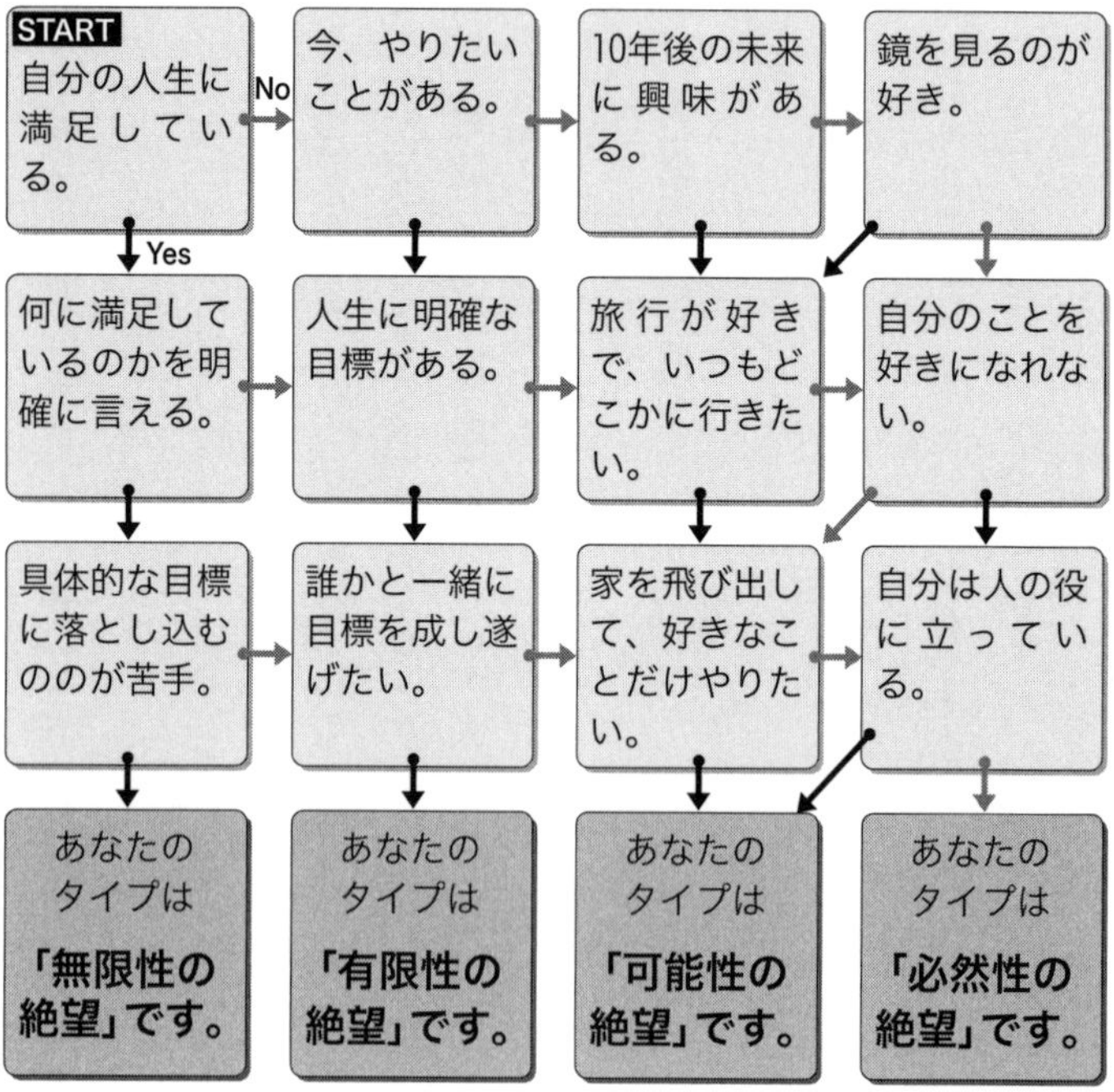
START
自分の人生に満足している。
No
Yes
今、やりたいことがある。
10年後の未来に興味がある。
鏡を見るのが好き。
何に満足しているのかを明確に言える。
人生に明確な目標がある。
旅行が好きで、いつもどこかに行きたい。
自分のことを好きになれない。
具体的な目標に落とし込むのが苦手。
誰かと一緒に目標を成し遂げたい。
家を飛び出して、好きなことだけやりたい。
自分は人の役に立っている。
あなたのタイプは「無限性の絶望」です。
あなたのタイプは「有限性の絶望」です。
あなたのタイプは「可能性の絶望」です。
あなたのタイプは「必然性の絶望」です。

本書の使い方
How to use

チャートで自分の絶望のタイプがわかった人は、
該当タイプのChapterからお読みいただくと、効率的です。

「無限性の絶望」	Chapter **1、5**
「有限性の絶望」	Chapter **2、6**
「可能性の絶望」	Chapter **3、7**
「必然性の絶望」	Chapter **4、8**

キルケゴールは、【絶望の4タイプ】のほかに、
絶望のレベルによる分類も行っています。
237ページの付録には、絶望のレベル別対処法もまとめていますので、参考にしてみてください。

目次

Chapter 2

有限性の絶望①

Chapter 3

可能性の絶望①

Chapter 4

必然性の絶望①

Chapter 5

無限性の絶望②

Chapter 6

有限性の絶望②

Chapter 7
可能性の絶望②

Chapter 8

必然性の絶望②

〝キルケゴール先生〟の紹介

現在の日本に降臨？　してきた19世紀の偉大な哲学者、セーレン・キルケゴールのような存在。本書の中で、8人の悩める“絶望者”たちから相談を受ける。回答はちょっぴり辛口で、むずかしい言い回しも多い。「むずかしいことについて考えているのだからむずかしい表現になるのも当然」と本人は考えている。8人の者たちへは、自分の頭で考えることをくり返し求める。

Chapter 1

無限性の絶望①

最高のことは、
それを理解する
ことなのではなく、
それを行うことなのだ

セーレン・キェルケゴール
（『キェルケゴールの日記――哲学と信仰のあいだ』セーレン・キェルケゴール著、鈴木祐丞編訳、講談社）

浩一《こういち》さんのケース

浩一さん（32歳）は会社員。妻と2人暮らし。
妻に言いたくても言えない悩みを抱えている。

悩みは「見える化」するのが解決の第一歩

もう、ほんとうに死にたいです。どうしたらいいか、わかりません。

死にたいけれど、あなたは死んでいませんね？

妻を残して死ぬことはできません。

その状態を絶望といいます。

絶望の定義①▼死にたいけれども死ぬことができずに生きている状態のこと。

たしかに絶望しています。ぼくだって、それくらいわかっています。

絶望しているのに、自分ではわかっていない人も大勢います。世の中のたいていの人は絶望している。それなのに自覚がない。**「自分が絶望であることを知らないでいる絶望」**というやつです。まぁいいでしょう。それはまた別の話。機会があれば、お話しします。

今はあなたの話。なぜ絶望しているのですか？　話してみて。

話せと言われても、どこから話せばいいのか。ぼ、ぼく、混乱しているんです。

落ち着いて、深呼吸をして。

スー、ハー、スー、ハー……。

混乱しているときは、頭をからっぽにして、深呼吸するのがいちばん。さぁ、お茶を飲んで。

浩一さん、頭を抱えているだけでは、何も解決しません。手始めに、**悩みを言葉にすること**。順番は考えなくていい。どこから話してもいい。頭の中でぐるぐるしていることを一つひとつ丁寧に拾い上げて言葉にする。話す相手がいなければ、紙に書きだしてもいい。

悩みを「見える化」する。形にしてみるのです。

形に？　何の意味があるのですか。

大いに意味はあります。**何に悩んでいるかはっきりわからないから解決しないんです**。まずは、悩みを言葉にして頭の中から出して並べてみて。テーブルの上にポケットの中身を出すみたいにね。

悩みを「見える化」すると、「大した悩みじゃなかった」ということはよくあります。私も日記を書くことで、悩みを「見える化」してきました。

絶望とは「思考停止」の状態にあること

それはさておき。私に言わせれば、あなたに重大な事件は起きていません。ほんとうに重大な事件が起きているとすれば、ここに来ることさえできないはずです。それこそ深刻です。浩一さん、あなたはちゃんと実存しようとしています。

ジツゾン、ですか？

そう。実存とは、ちゃんと自分の課題を自覚して、解決していこうとすること。自分らしく生きる上で大切な在り方です。

実存▼自分の課題を自覚して、課題を解決するために、自ら努力しつづけよう

とする在り方。

ジッゾンしていないとどうなるんですか。

まあ、絶望ってことになりますね。自己喪失の状態だから。

絶望の定義②▼実存しない状態。本来の自己の姿を見失った「自己喪失の状態」にあること。

自己喪失の状態？

「こう在りたい」と思う自己でないこと。課題を見ようとしないこと。何も考えずに生きている。正確にいえば、自分では、「考えている」と思っているけど、ちゃんとは考えていない。本来の自分の声に耳を傾けていない。ひと言でいえば、**思考**

停止の状態ですね。

少なくとも、あなたは自分が抱える、もやのかかった課題をなんとか解決しようともがいている。解決のために行動し、ここに来ている。実存しようとしている。だから、望みはあるし、決して大きな事件ではありません。安心して。

えー、でも、ぼくに起こっていることは、重大な悩みです。大事件です。

まっ、いいでしょう。仮に大事件だとして、言葉にしてみてください。

借金を隠して結婚後、ウソを重ねる

結婚して半年になる妻に、バレそうなんです。会社でほとんど仕事をしていないこと、そのために給料が10万円くらいしかないことが。

奥さんと出会った頃は給料をたくさんもらってたんですね。

こう見えて、ぼくはかつて不動産のトップセールスマンだったんです。不動産の営業って、基本給が少ないんですよ。でも、契約が取れると、その分、歩合でどんどん給料が上がる。

ぼくは営業に向いていたんでしょうね。会社に入ったときから契約がたくさん取れ、歩合で月に50万円くらいもらっていました。

もっと上を目指そうと転職をして、どうしても欲しかった不動産セールスの最高タイトルも手にしました。

やるじゃないですか。

羽振りのいい頃に妻と出会ったから、妻には「稼ぎのいい男」に見えたはずです。でも、稼ぎがよかったのは、そこまで。最高タイトルを取ったあとに、急にやる気を失って、何も考えられなくなってしまいました。

なるほど。燃えつき症候群ですね。

その状態になったのが、結婚する半年前。給料はガクンと下がって、基本給の10万円だけになりました。でも、今さら「お金がない」とは言えないし、生活の質を落とすこともできない。だから、つい消費者金融からお金を借りるようになり、それを隠したままゴールインしちゃったんです。

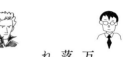

借金があるというけど、生活費はどうしているのですか?

毎月、妻に30万円を手渡ししています。

給料は10万円しかないのに、差額の20万円はどうしているのですか?

今も毎月消費者金融から借りています。額がどんどん膨らんできて、怖いくらいです。

出勤はしてるんでしょう?

外回りの営業だから、連絡さえ入れれば、会社に顔を出さなくていいんですよ。

妻には「会社に行ってくる」と言って家を出て、ずっとネットカフェで漫画を読んだり居眠りしたりして、帰宅までの時間をつぶしています。

奥さんは感づいていないのですか？

今のところは気づいてないと思います。妻に疑いをもたれないよう、一日じゅうあてもなく歩き回り、ワイシャツの襟《えり》を汗で汚すこともありますから。そんな小細工をしてまでも、妻には知られたくないんです。

でも、こんな綱渡りのような生活もそろそろ限界です……。

「無限性の絶望」の特徴

あなたは「恐れの沼」にはまっていますね。

恐れの沼？　何ですか、それ。

私に見えた、あなたのイメージ。

言われてみればそうかもしれません。底なし沼に沈みかけているイメージは、ぼくにぴったりです。

自分でイメージできたのですね。それはいい兆候です。**今の自分の立ち位置をイメージできれば、そこから抜け出す方法も考えられるようになります。**

あなたの悩みもだいたいわかった。まとめるとこういうことになりますね。

・借金が増え続けている。
・その事実を奥さんに言えない。
・仕事に対してやる気が起きない。

列挙してみると、あなたは完全に夢の中に生きていますね。お金がないのに、他人から借金をしてデキる営業マンのふりをしている。奥さんに対して、事実を隠し、ウソを塗り重ねている。会社に対しても営業しているふりをして、実は働いていない。完全に夢の中をさまよっているだけですね。

現実を直視せず、言葉は悪いけれど、逃げ回っている。現実の自己がすっかり希薄になっている。私に言わせれば、あなたは「無限性の絶望」の典型です。

無限性の絶望？

そう。無限性の絶望。その特徴を挙げます。

「無限性の絶望」の特徴

- 人間の可能性は無限であると捉えている。
- 空想や想像、夢想の世界にいることが多く、現実の自己が希薄になっている。
- 直面するべき現実から逃避する。
- 「今」にいない。
- フィクションの物語の世界にいるのが好き。
- お金の管理が苦手。
- 周りがあまり見えていない。
- 「お金持ちだったら○○ができるのに」「スーパーマンになったら××さん

と結婚できるのに」などのないものねだりを、しばしば、しかもまじめにしている。

たしかに。ほとんどぼくに当てはまる。

そう思えたのなら、いいことです。自分を知ることが大切です。

「恐れの沼」から抜け出るには、いったい何をすればいいんでしょうか？

それは、自分で考えること。浩一さんは、どうなりたいのですか？

どうしたらいいか、わからないからここに来たんです。

「どうしたらいいか」ではなく、「どうなりたいか」を聞いているんです。奥さんと離婚してひとりでいる自分になりたいとか、以前のようにバリバリの営業マンで在りたいとか、具体的に実現可能な姿をイメージしてみてください。

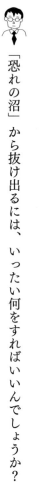

妻とは絶対に離婚したくありません。ずっとずっと一緒にいたい。もう借金もしたくありません。

よく言葉にできましたね。それがあなたの心の奥の声。あなたのほんとうの声です。それをあなたは今まで無視しつづけてきた。自分の心の声を無視しつづけると、自己喪失に陥ります。絶望するんです。

無限性と有限性のバランスをとって生きる

浩一さん、あなたにヒントをあげましょう。あなたは夢から覚める必要があります。現実世界に戻ってきてください。

現実世界に戻るって？

ウソをつくのをやめることです。ウソで固めた日常から抜け出すことです。手始めは、奥さんに正直に打ち明けることですね。

それができれば苦労しません！

むずかしいことではないですよ。時間を決めて、口にするだけです。

妻はカンカンに怒るだろうな。最悪、離婚ってことにならないかな。

あなた、また勝手に想像の世界に浸っている。奥さんの思いは奥さんにしかわかりません。考えてもムダです。誰にもわからない。逆に、「話してくれてありがとう」となるかもしれないじゃないですか。あなたが話してくれるのを待っているかもしれない。

……。

浩一さん、人間は「時間的なもの」と「永遠なもの」との統合でもあります。

はい？

人間は、時間的なものを生きることもできるし、永遠なものを生きることもできるのです。

・時間的なものを生きる▼過去から未来へ続く、時間軸の中で生きること。過去や未来に思いを馳《は》せて生きること。
・永遠なものを生きる▼人生は「今」の積み重ね。時間を超越し、ただ「今」この瞬間に生きること。

どちらがいいというわけではありません。どちらも大切。でも、浩一さんは、あまりに時間的なものに偏りすぎている。どうなるかわからない未来ばかりを見ている。「今」にも目を向けて。

「今」ですか？

そう、「今」この瞬間を生きるのです。この瞬間にどうするかを決める。すべては、あなたが決めること。人は自分の人生を選べる。選んだ方向にしか人生は進まない。

家庭は本来安心できる場、ほっとできる場です。あなたは、それを「恐れの沼」にしてしまった。自分勝手に選んできた結果です。浩一さん、あなたは、今の状態を続けることもできるし、ほかの道を選ぶこともできるんですよ。

……。わかりました。妻にすべてを告白します。

いつ？

いきなり、いつって言われても……。

あなたはずっと無限性の絶望、つまり、空想の世界にいましたね。今は、反対側の世界に行こうとしている。無限性の反対、わかりますか？

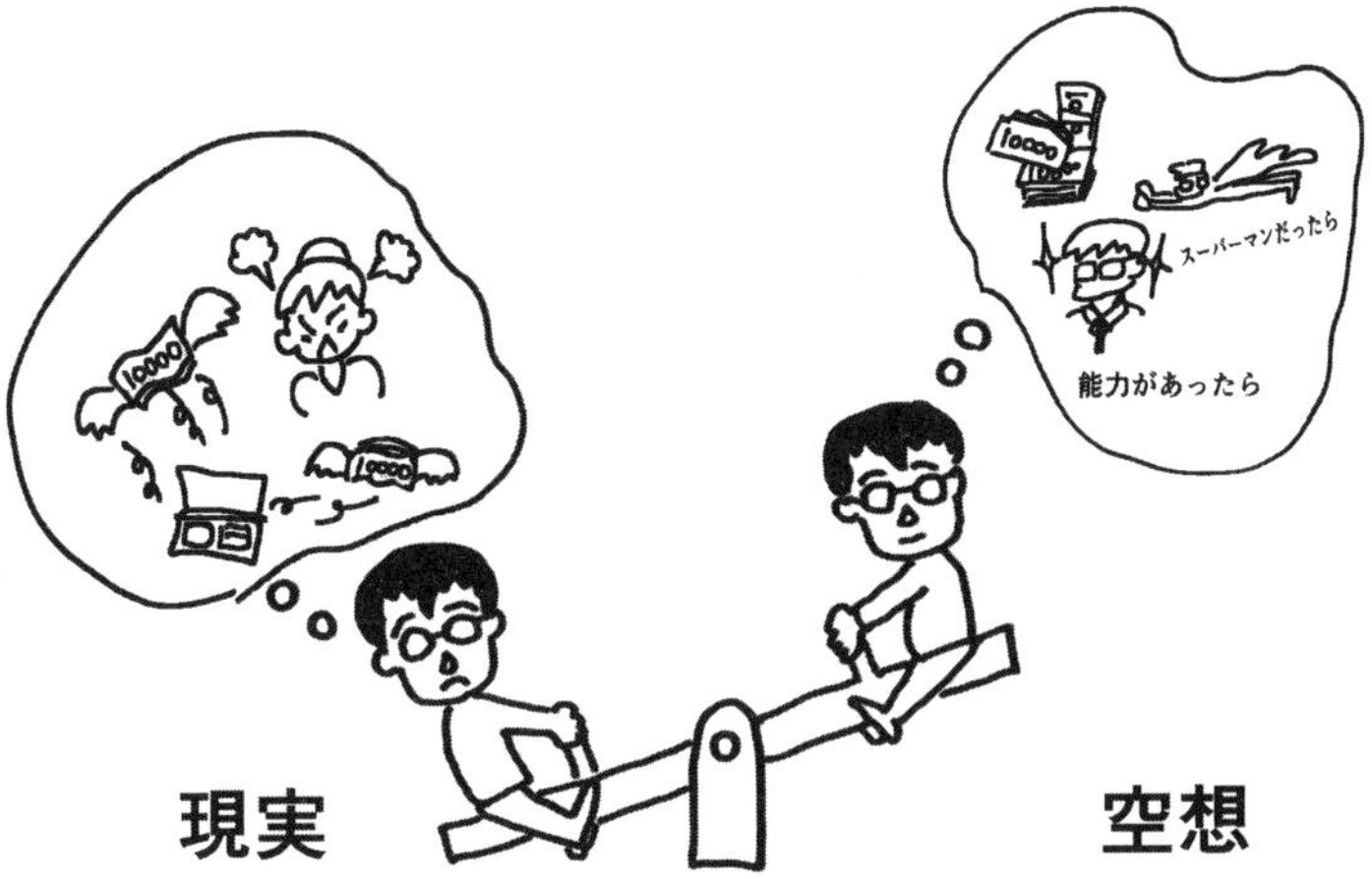
現実
空想
スーパーマンだったら
能力があったら

有限性ですか？

そうです。人は、本来、無限性と有限性の両方をもち、バランスよく生きることができれば、それに越したことはありません。しかし、あなたは無限性に偏って、空想の中で、この1年を生きてきた。バランスを取り戻すには、現実の具体的な世界にもっと目を向けるべきです。自分が**現実世界に戻ると決めたのなら、ものごとを具体的に決めていく**ことですよ。奥さんに伝える日をいつ、どこにするか、今決めてください。

で、では、次の日曜日の午後2時にします！

ＯＫ。浩一さん、あなたは絶望から抜け出せますよ。奥さんに話したら、ほかの2つの悩み――「借金が増え続けている」「仕事に対してやる気が起きない」――も早晩解決に向かうでしょう。

あなたに次の言葉を贈ります。

最高のことは、それを理解することなのではなく、それを行うことなのだ。
（前掲『キェルケゴールの日記——哲学と信仰のあいだ』）

どういう意味ですか。

現実を見て、行うことが大事だということです。奥さんに現状を話し、取り組む。いつ・どこで・誰が・何をするのか？　目的と目標を決めて、やるべきことを一つひとつ丁寧にこなしていけば、すべて良い方向に動き出します。大丈夫。

＊

後日、浩一さんから連絡がありました。

奥さんに打ち明けたところ、借金をしていたことよりも、ウソをつき続けてきたことにひどくショックを受けていたそうです。浩一さんが泣いて謝ると、「一緒に借金を返していく方法を考えましょう」と涙を流しながら手を握ってくれたそうで

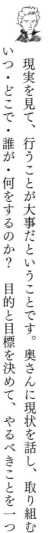

す。

それをきっかけに、浩一さんは仕事にも少しずつ前向きに取り組めるようになり、奥さんと一緒にサイドビジネスもスタートさせたとのこと。

しっかりした奥さんです。彼女が浩一さんに安心感を与えてくれた。一度、安心感を味わいつくしているから、もうウソをついて生活をとりつくろうようなこともないでしょう。

キルケゴール先生が伝えたいこと①

人生は選んだ方向にしか進みません!

Column 1

キルケゴールに影響を与え続けた人物、父、ミカエル・キルケゴール

セーレン・キルケゴールは、1813年5月5日、デンマークのコペンハーゲンで生まれました。

父ミカエルは、一代で富を築いた毛織物商人です。40歳でリタイアするほど大成功を収めていました。敬虔《けいけん》なキリスト教徒で、リタイア後は宗教や哲学にいそしむ生活を送っていました。

最初の妻とは2年の結婚生活を送りましたが、その間、子どもが生まれないまま妻は亡くなりました。ミカエルの再婚相手アンネが、キルケゴールの母です。

アンネは家事手伝いとしてキルケゴール家に雇われていた女性です。

ミカエルは、最初の妻の喪《も》が明ける前にアンネと結婚。その5か月後に最初の子どもが

生まれました。結婚前、半ば暴力的に使用人のアンネと関係を結び、子どもができたために結婚をすることになったのです。キリスト教の教えに反するこの行いは、ミカエルを後々まで苦しめることになります。

ミカエルとアンネの間には次々と子どもが生まれました。キルケゴールは、ミカエルが56歳、アンネが45歳のときの子で、上には6人の兄や姉がいました。

ミカエルは、キルケゴールを宗教者に育てようと、少年時代から愛情たっぷりに、しかし厳しくしつけました。母アンネは明るくてやさしい人柄。

キルケゴールは、父からは暗い憂鬱な気質を、母からはユーモアや快活さを受け継いだといわれます。

キルケゴールは、父から「牧師として働いてほしい」といわれ、1830年、17歳のときにコペンハーゲン大学に入学。翌年には神学部に進学しました。

順風満帆《じゅんぷうまんぱん》に思われた人生でしたが、キルケゴールが20歳を迎える前後から、家族は続けざまに不幸に見舞われます。

1832年には次姉が出産時に32歳で死亡。

1833年には三兄が24歳で病死。

1834年には母アンネが病死、三姉が33歳で病死。

2年の間に、家族が4人も亡くなってしまったのです。

それ以前にも、次兄は1819年に、長姉は1822年に、すでに病死していました。9人だった大家族は、父と、コペンハーゲン大学で学習指導教官の職についていた長兄ペーターと、キルケゴールの3人だけになってしまったのです。


こうした家族の災いに心を痛めたのか、1835年、キルケゴールは22歳の頃、神学の勉強を放棄して、文学や哲学に没頭するようになります。さらに、関心事の幅が広がり、カフェや劇場にも出入りするようになります。

父の意に反するキルケゴールの態度は、父からの精神的独立を意味しました。

「大地震」の発生

家に居つかず、下宿生活まで始め、神学への道からはそれて、放蕩《ほうとう》生活を送るキルケゴール。彼を立ち直らせたのは、彼自身の日記に「大地震」と記された出来事です。

大地震の内容は、父ミカエルによる、次の告白と考えられています。

・ミカエルが結婚する前に暴力的にアンネを身ごもらせてしまった。

・その罪のために、生まれた子どもが33歳（キリストが磔《はりつけ》にされたとされる年齢）を超えるまで生きられず、次々と亡くなってしまった。

キルケゴールは、この大地震によって、父と理解し合い、父の住む家に戻ります。

１８３５年に「大地震」のために放蕩生活に入ったとする説もありますが、後の研究によって、１８３８年に「大地震」によって立ち直ったとする説が有力になっています。日記に日付がないため、はっきりとはわかっていないのです。

ここでは後者の説「１８３８年に立ち直った説」を採用します。

せっかく、立ち直って、実家に戻ったのですが、それからわずか1か月後に父ミカエルは亡くなります。１８３８年8月、キルケゴール25歳のときでした。

父の死によって、キルケゴールは莫大な遺産を手にします。彼は、神学の道に戻り、１８４０年7月に神学の国家試験に合格します。しかし、遺産が手に入り、働かずに生きていけることになったキルケゴールは、作家の道へと進むことになります。

Chapter 2

有限性の絶望①

人間はすべて退屈をしている

（『人生の知恵XIII　キルケゴールの言葉』大谷愛人、彌生書房）

静子《しずこ》さんのケース

静子さん（33歳）はひとり暮らし。会社員として10年働いてきたが、最近閉塞感《へいそくかん》を感じるようになってきた。

「有限性の絶望」の特徴

最近、生きづらさを感じています。

でも、生きてる。

生きるって何でしょうか？

むずかしい質問ですね。私も毎日考えています。

朝7時に起き、8時に家を出て、8時半から夕方5時半まで会社で働いています。月曜から金曜まで毎日毎日同じ時間の同じ電車で通い、職場で会うのはいつも同じ顔ぶれ。休みの日は、家でゴロゴロしてるか、美容院に行くか、買い物に行くか、部屋の掃除をするか、です。

生活に変化が欲しいんですか？

自分でもよくわかりません。

では、なぜここへ？

最近、友人の家に遊びに行きました。彼女はハムスターを飼っているんですが、それが回し車の中を延々回っているのがなぜか気になって。2、3日してから、なぜ気になったかわかりました。ハムスターはわたしそのもの。同じところをずっとぐるぐるしている……。そう思ったら、いてもたってもいられなくなって、気づいたらここに来ていました。

ぐるぐるから抜け出したいのですか？

そうかもしれません。……わかりません。

何年ぐるぐるなんですか？

会社に勤めるようになってからなので、かれこれ10年になりますね。もちろん、最初はそんなふうには感じなかったんですが、30歳を過ぎたあたりからだんだんぐるぐる感が強くなってきましたね。

「人は10年で何かを悟る」という言葉もあります。あなたは10年以上くり返し会社の仕事に従事してきたから、何かが起きたのかもしれませんね。

そんなあなたに差し上げたいのは、次の言葉です。

一つの原則から出発することは大へん賢明なことである、と経験ある人々は主張している。私はこの主張をうけいれて、次の一つの原則から出発しよう、「人間はすべて退屈をしている」。まさかこの原則に関して私に反対するほど全く退屈な人はいないだろう？

（前掲『人生の知恵XIII　キルケゴールの言葉』）

「人間はすべて退屈をしている」ですか……。少なくともわたしが退屈していることは間違いありません。

退屈は後退の始まりです。人は成長するものですが、あなたは後退し始めている。そこに気づいた。後退する人生から抜け出したいと思った。**後退することは絶望することと同じ**です。

あなたは絶望のタイプでいえば、「有限性の絶望」。

有限性の絶望には、次の特徴があります。

「有限性の絶望」の特徴

- 自分をどこかに忘れてきている。
- 大勢の中にいて、その人たちと同じようにしているのが気楽で安全だと考えている。
- 自分なりの価値基準をもっていない。
- 「ふつうは〇〇だよね」「ふつうは××するよね」が口ぐせになっている。
- 一流大学を卒業して、いい会社に勤めるのが最良の人生だと考えている。
- 機械の歯車のひとつでいることに違和感を抱かない。
- 冒険はしない。
- 想像力が乏しい。

自分をどこかに置き忘れて、機械の歯車でいることに違和感がない。いえ、正確にいえば、これまでは違和感がなかった。けれど、ちょっと前からようやく違和感を覚え始めた。つまり、あなたは絶望を感じ、そこから抜け出したいと思ったのでしょう。違いますか？

「有限性の絶望」だなんて、わたしの退屈はそんな高尚《こうしょう》なものではないですね。

高尚かどうかは関係ありません。あなたは、今、ここにいる。絶望についての著作をもつ哲学者の目の前に。

たしかにいます。無意識のうちに来てしまいました。

意識したか無意識なのかは関係なく、とにかくここにいる。何かから抜け出すために、新しい行動に出た。それがもっとも大事なことです。

創作した自分を生きる

で、あなたはどう在りたいのですか?

先生のおっしゃることを聞いてはっきりしました。わたしはぐるぐるから抜け出したいんです。どうすればいいでしょうか？

さあ、それは自分で考えることです。私なりのヒントを差し上げるとすれば、**「自分らしく生きる」**ことです。

「自分らしい」ってどういうことですか？

「自分」とは精神としての自分です。肉体は目に見えるけど、精神は目に見えませんね。「自分らしい」の「自分」とは、目に見えていない自分のことです。目に見えていないから、自分でいくらでも想像できるし、創作できます。

自分らしく生きるとは、**「創作した自分を生きる」**ということです。

あなたに必要なのは、まず、**「人間は精神であることを自覚する」**こと。人間は精神です。目に見えないものが軸といってもいい。目に見えないものは自分で創れるんです。

創作すれば、ぐるぐるから抜け出せるんでしょうか？

ええ、今すぐにでも！　車輪から抜け出した自分を創ればいいだけです。誰の手も借りず、自分で生き方を創作できます。

「生き方を創作する」って簡単におっしゃいますが、いったいどうやって？

まずは自分で考えて。

今は考えられません。10年も会社でぐるぐるを続けていたら、考えなくても済むようになってしまいました。

思考停止状態にあるのですね。いいでしょう。今日のところは教えます。けれど、次からはまずは自分で考えることを忘れないで、どんなことも。

生き方を創作するには、最初に「これからの人生をどう生きたいか」を紙に書いてみてください。

どう生きたいか？

何でもいいです。

無理なことでもいいんですか？

無理なことって？

俳優になるとか、カリスマユーチューバーになる、とか？

ほんとうになりたいのですか？

いえ、思いつきです。ムダなことを言いました。

ムダではありません。人生にムダなことはひとつもない。俳優でもカリスマユーチューバーでもかまいません。何でもいいから書いてください。書いたものを自分で見てください。そして、考えてください。頭の中だけで考えていてはだめです。文字に書く。言葉にする。**具体的なものを、あなたの中から出す。**何にせよ、自分を表現してみることです。自分を創ることです。ほんとう

の自分は自分で創るしかないのですから。

「俳優になる」と書いたら、「ほんとうになりたいのか」を自分に問う。「そうでもないな」と思ったら、また頭に浮かんだことを書く。くり返していくうちに、創作できます。これと思うものが紙の上に出てきます。まずは、書いてみて。

「自分の好きな考え方」で生きていい

あのー、もうひとつ問題があります。わたし、小さい頃からずっと自分が好きじゃありませんでした。

どうして？

きれいじゃないからです。

私にはそうは見えませんが。

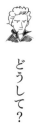

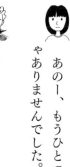

わたし、傷だらけで生まれてきました。お母さんのおなかから出てくるときに、へその緒が首に巻かれていて、鉗子《かんし》で引っ張られ、ところどころ傷がつき、出血して、たくさん縫《ぬ》ったんです。今もそのときの傷が残っています。体にも、そして、顔にも少し。それを隠したくて、人前に出たくないと思っていました。

理解できます、その気持ち。見てのとおり、私も生まれつき背が弓なりです。昔はずいぶん悩みました。でも、そういう肉体をもったことは、自分の人生に大いに役立ちました。

役立つ？

そうです。静子さんに、肉体のことと精神のことを書いた、私の日記を少しお見せしましょう。あまり人に見せるものではありませんが……。

——かよわく、細々とし、そして弱くて、肉体的にはほとんどあらゆる点で、他——

の者と比較すれば完全な人間としてとおりうるための条件をうばわれていた。また、憂鬱で、心に悩みをもち、内面的に不幸であったが、しかし、ただ一つのことが私に与えられていた。それはすぐれた機敏さであって、これはおそらく、私がまったくの無防禦とならないためだったろう。少年のときすでに私は、自分の機敏さを意識していた。そしてそれが、強い仲間に面とむかったときの私の力だということを知っていた。

（『人と思想19 キルケゴール』工藤綏夫著、清水書院）

こういう日記もあります。

私の精神はおそらく、霊魂と肉体の間の緊張した関係によって、たぐいまれなほどの張力をえているのだろう。

（前掲『人と思想19 キルケゴール』）

先生も苦しまれたんですね。

ええ、苦しみました。でも、その肉体の苦しみが、私の精神に大きな力を与えた。**人生は競争相手のいない障害物競走のようなもの**です。どうにもならない肉体的なことは、生きる上で最初に突破する障害物です。最初はつまずき、転んで傷つくかもしれません。でも、一度、飛び越えるコツを覚えてしまえば、大したことではありません。

容姿は個性です。静子さん、うわべをどう見られているのかは、大きな問題にしなくてもいいんですよ。

ほんとうにそうでしょうか？

そもそも容姿なんて年を重ねれば、誰でも変化していきます。気にしていたらキリがありません。そこに時間を使うのは、私の好みではありません。

と言われても、気になるのだから仕方ありません。

肉体のこと、見た目のことが、気にならなくなる方法があります。一度身につけ

ると、生涯役立つ方法です。

どんな方法ですか？

考え方を変えることです。あなたの「好きな考え方」で生きるんです。

好きな考え方、ですか。

そうです。「思わず大きなことを口走ったら自分の中の何かが喜んだ」「自分の言ったことや思ったことに自分が感動した」といった経験はありませんか？　あるいは、人の話を聞いていて、自分の中に根付いた考えがある、とか。

思わず口にした言葉が自分に根付くのは、自分で考えた証拠です。つまり、「自分の言葉で言語化ができた」のと同じです。ポジティブな反応もネガティブな反応も自覚して考える。そして自分の好きな考えを選び、生き方を創作するのです。

言葉しだいで見える世界が変わる

わたしはどんな考え方を好きになれば、自分の見た目が気にならなくなるのでしょうか。

過去に決めた自分のコンテクスト（文脈）から自分を見ていると、見た目が気になります。しかし、そのコンテクストを変えれば、気にならなくなります。

たとえば、あなたに「自分は傷があるので醜い」というコンテクストがあれば、「傷＝醜い」と解釈し、そういう目で自分のことを見ます。そのコンテクストを変えるのです。

「へその緒が巻かれたままだったら自分は生まれてこられなかったかもしれない。そのときできた傷は自分がこの世に生を受けた証《あかし》。そのおかげで、ここまで生きてこられた」とか。**自分の好きなコンテクストを創作する**ことが、「考え方を変える」ということです。

うわー、ほんとうにその通りです。すてきな解釈ですね。傷がついたからこそ、わたしは生まれてこられた。そう思うと、傷も愛《いと》おしく思えます。その考え方、好きです。考えは自分で創作していいんですね。

そうです。好きな考え方で生きることができます。自分の言葉しだいで、見える世界までが変わる。目の前の世界が違って見えるのです。

なるほど、何だか自信が湧いてきました！

人目が気になるなら心の内側に目を向けてみる

もう一つお伝えしましょう。人間には3段階の生き方があります（69ページのイラスト）。

第1段階は「**審美的な生き方**（官能的な生き方）」。心に訴えかけてくるものにいちいち反応する生き方です。外的な世界に目を向けて、様子をうかがいながら生活

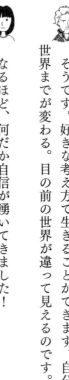

をすることといってもいいでしょう。

第2段階は「**倫理的な生き方**」。自分の内側に目を向けて、自分の中から湧きだす正義感や倫理観をもとに行動をする生き方です。第3段階は「宗教的な生き方」。これはまた別の機会にお話ししましょう（75ページ参照）。

あなたはこれまで審美的な生き方をしてきました。外的な世界、つまり周りの人の目を気にし、目を合わせないようにして、目立たないように人と同じ行動をしてきた。いつも他の人との関係の中で自分を見てきた。そろそろ、次の段階に進んではどうでしょうか。

倫理的な生き方をしてみるのです。外的な世界に目を向けるのではなく、内的な世界、つまり、**心の内側に目を向ける**のです。

心の内側……ですか？

そうです。もっといえば、自分を選ぶことです。静子さんは、ずっと自分をほったらかしにしてきました。これからは自分を「個」として承認し、選択してください。

自分を「個」として承認する？　そもそも個ってなんですか？

ちょっとむずかしい言い方になるけど、「個」とは「あなたとしてすべてある完璧なあなた」のことです。自分を「個」として承認するには、言葉にすることから始めましょう。「自分を選択します」と言ってみて。

自分を選択します。

いいでしょう。どんなときも「自分を選択」してください。「自分を選択する」とは、自分以外の何かを選択しない、ということではありません。「自分を選択する」か、「自分を選択しない」か、の二択です。「自分を選択しない」とは、つまり、「自己を失う」ということです。逆にいえば、どんなときも自分を失わないことが大切です。

ありがとうございます。まずは、「自分はこれからの人生をどう生きたいか」、紙に書いてみます。そして、どんなときも自分を選択する。ぐるぐるを抜け出せそうな気がしてきました！

人間には3段階の生き方がある

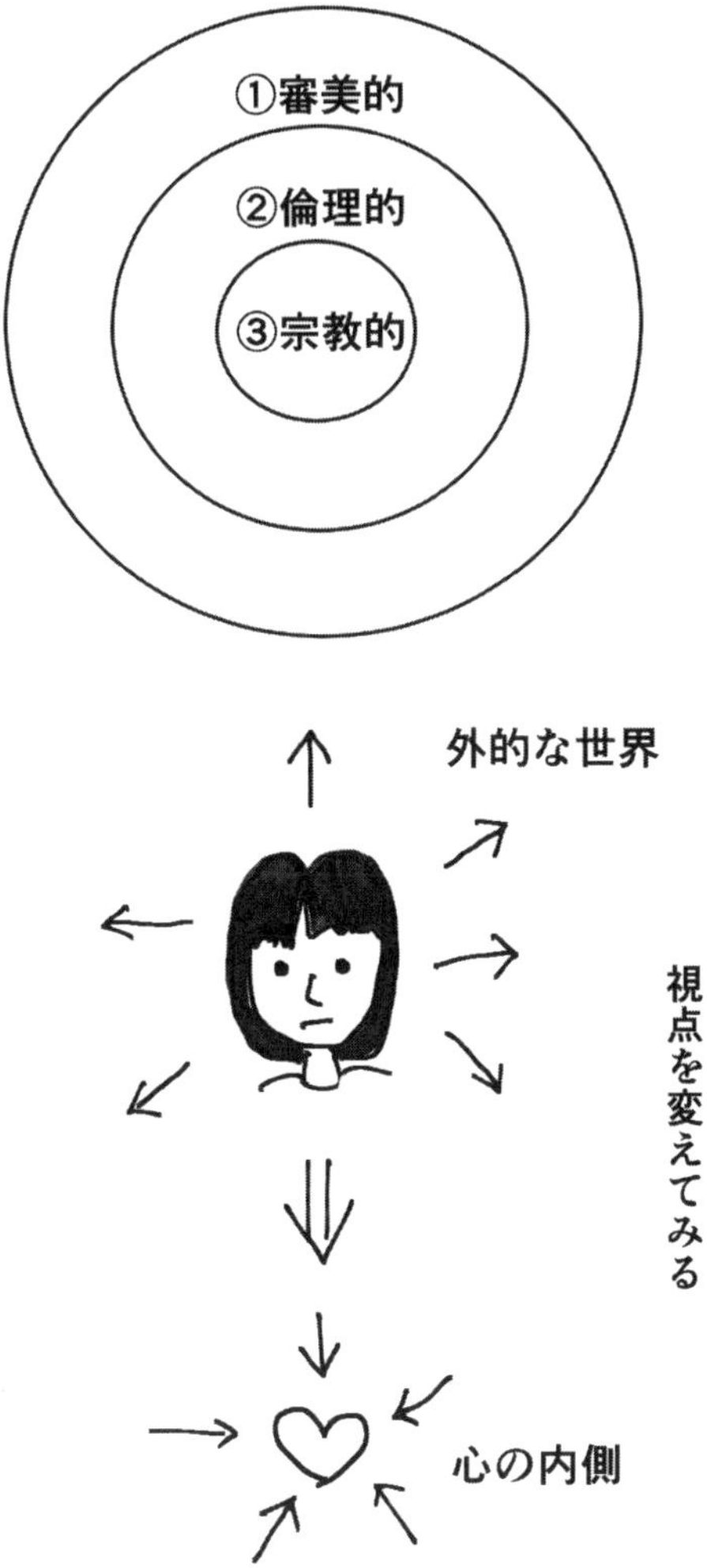

＊

その後の静子さんは、自分らしく生きることを考え、やりたいことにチャレンジしようと、哲学の勉強を始めました。

会社も辞めて、キルケゴール先生のもとで自分を表現し、今では司会、ファシリテーター、講師業など、人前に出る仕事についています。

自分に自信をもち、人を力づける仕事に生きがいを持ち、エネルギッシュに生きています。現在は暇どころか「時間が足りない!!」と叫んでいます。

キルケゴール先生が伝えたいこと②

どんなときも「自分」を失わないで！

Column 2

実存の3段階――「審美」「倫理」「宗教」

欲望のままに生きる「審美的実存」

キルケゴールは、自分の人生と重ね合わせ、人間が自己の本来的な在り方に目覚めていく過程を「審美」「倫理」「宗教」の3段階に分けました。

1段階目は「審美的実存（審美的な生き方）」です。目に映るものに心を奪われ、気の向くまま、「あれも、これも」と選ぼうとする生き方です。

これには次のような特徴があります。

【第1段階　審美的実存】

・美的、官能的、享楽的《きょうらく》、刹那《せつな》的な生き方をする。
・詩的な空想にふける。
・酒やギャンブルにおぼれるなど、欲望のままに生きる。
・ベクトルは環境（外側）に向く（自己へは向かない）。
・「あれも、これも」選ぼうとする。

キルケゴールは神学の勉強のために大学に入りました。しかし、既述したように（46ページ参照）、20歳を迎える前後から家族が相次いで亡くなると、神学の勉強を放棄。哲学や文学を学ぶかたわら、カフェや劇場に出入りしたり、夜な夜な飲み歩いたりするようになります。1836年5月（23歳くらい）ごろには娼家《しょうか》で童貞を失い、翌年には実家を出て、気楽な下宿生活を始めました。

遊べばお金がかかります。演劇鑑賞や書籍代、飲食代、洋服代などに浪費し、'36年だけでも当時のお金で200万円以上の借金をしました。学生のキルケゴールに払えるだけの財力はありません。支払ってくれたのは、資産家の父ミカエルでした。

この放蕩生活は1835年から'38年初頭まで続きます。

良心に従って生きる「倫理的実存」

審美的な生活は長くは続きません。次の段階では、自分の内面に目を向け、良心に従って義務を果たそうとします。「倫理的実存（倫理的な生き方）」といいます。たとえば、困っている人がいれば、良心のもとに助けようとします。しかし、困っている人の数が多くなると、すべてを救うことはできません。義務を果たしきれないため、倫理的な生き方も壁にぶつかります。

【第2段階　倫理的実存】

・自己の良心に従って義務を果たそうとする。
・自分を知ろうとする。
・「あれか、これか」を選ぶ。

キルケゴールは、1838年の父の告白（46ページ参照）により、実家に戻ります。その年に父が亡くなると、完全に享楽的な生活とは縁を切り、神学の道に進みます。

天の声に聞き従う「宗教的実存」

第3段階、つまり最後の段階は、自分の限界を感じて、天の声（神の声）をよりどころとする生き方です。これをキルケゴールは、「宗教的実存（宗教的な生き方）」といいました。

「天の声」「神の声」は、自分が信じる対象と捉えていいと思います。

自分を信じているのなら、自分の心の奥の声をよりどころに生きる。

これこそが、自分の本来の在り方に気づいて生きる生き方、つまり、実存の最終段階といえます（69ページ図）。

Chapter 3

可能性の絶望①

私にとって真理であるような真理を発見し、私がそれのために生きそして死ぬことをねがうような※イデーを発見することが必要なのだ。

（前掲『人と思想 19 キルケゴール』）

※イデー：理念

尚《なお》子《こ》さんのケース

尚子さん（45歳）は夫と3人の子どもとの5人暮らし。
夫のことで深刻な悩みを抱えている。

夫がアルコール依存症に

夫がアルコール依存症で困っています。

ここは病院や施設ではありません。別のところに相談に行ってください。

あちこち行きました。夫と一緒に断酒セミナーに参加したり、カウンセリングを受けさせたり、もちろん病院にも行って、入院して治療も受けました。それで、い

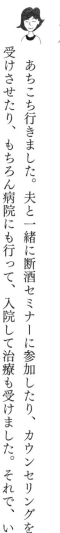

ったんはお酒をやめるんです。お酒さえ飲まなければ、すごくやさしい人なんですよ。

でも、いつのまにかまた酒浸りになります。そのくり返しです。これでは仕事もできないし、約束も守れない。もう、どうしたらいいかわかりません。

あなたにとって、何が問題なのですか？

ですから、夫がアルコール依存症で、お酒を飲んでは人様に迷惑をかけることです。

それは、ご主人の問題ですね。お酒をやめられないのはご主人、人様に迷惑をかけるのもご主人。**問題が起きたときは、「誰の問題か」分けて考えることが大切**です。で、あなたにとっては何が問題なんでしょう。

わたしにとっての問題は、いろいろ手をつくしても、夫をどうすることもできないことです。

あなたが、ご主人をどうにかしなければいけないのですか？

夫がこうなったのも、わたしに責任の一端があると思うから……。

わかりました。話してみてください、すべてを。

「あなたのご主人、浮気してるよ」

わたしは田舎の温泉地の生まれで、酒屋を営む両親にひとり娘として大切に育てられました。子どもの頃から父に「将来は家を継いでほしい。できれば、婿養子をとってほしい」と言われていました。

高校を卒業すると、地元を離れて簿記の専門学校に通いました。父が強く勧めてくれたからです。日商簿記1級の資格を取って地元に戻ると、家業を継ぐ前に、ほかの会社のことも知っておいたほうがいいからと、父の知り合いの会社で経理の仕事につきました。

お父さんに言われるままの人生を歩んできたのですね。

まあ、そういうことになりますね。で、25歳のときに、高校時代に一つ下だった後輩が婿に入ってくれて、一緒に家業を継ぎました。夫は一生懸命に働いて、家業も順調。3人の子宝にも恵まれました。

絵に描いたような幸せな家庭ですね。

ええ。でも、「禍福《かふく》は糾《あざな》える縄の如し」というけど、ほんとうにそうですね。不幸の始まりはわたしが35歳のとき。母が急逝《きゅうせい》したんです。

母を喪《うしな》った悲しみでふさぎこんでいるわたしに、友人がヨガを勧めてくれました。このヨガにはまってしまって……。インストラクターの追っかけまでするようになり、家を空けることが増えていったんです。しばらくそんな日々が続きました。

その間、家業は主にご主人がやっていたのですか？

ええ。家業のほうは、父がまだ元気だったので、夫と一緒に経営に携わっていたんですが、そんな父もわたしが45歳のときに亡くなりました。そして、追い打ちをかけるように悲劇が襲ってきたんです。

悲劇？

友人が「あなたのご主人、浮気してるよ」と教えてくれたんです。しかも、相手はわたしもよく知っている高校時代の後輩。夫はまじめを絵に描いたような人でしたから、まさに青天の霹靂《へきれき》でした。

でも、事実だった？

はい。2年も前から付き合っていたことを知った瞬間は、人生が崩れ落ちていく音が聞こえました。そのとき、夫を殺したい衝動に駆《か》られたんです。

で、どうしたのですか？

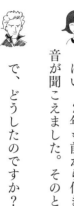

夫を殺す代わりに、相手の女の家に乗り込んでいきました。

修羅場《しゅらば》があったんですね。

ええ。その場で、きっぱり別れさせました。

それからしばらくして、今度は、酒屋のアルバイトの子が、「旦那さん、ここのところ様子がおかしいですよ。朝からお酒の匂いがします」と耳打ちしてくれたんです。夫はもともとお酒好きで、晩酌も欠かさなかったから、わたしは全然気がつかなかった。でも、だいぶ前から、こっそり店のお酒に手をつけていたようです。わたしは、夫のことを全然見ていなかったんです。浮気も見抜けなかったし、朝から店のお酒を飲んでいることにも気づけなかった。

何をやっていたんだろう、わたし……。ほんとうに絶望の日々です。

「可能性の絶望」の特徴

あなたの絶望は今に始まったわけではないですね。

もっと前から絶望していた、と？

私には、あなたが結婚する前からずっと絶望の種をまき続けていたように見える。
その絶望に名前をつけるとすれば、自分の可能性ばかりに目を向けている「可能性の絶望」です。

可能性の絶望？

そう。可能性の絶望には次の特徴があります。

「可能性の絶望」の特徴

- 自分の可能性にばかり目を向けている。
- 「自分は才能がある、能力も高い」と思っている。
- 現実の自分から目を背けている。
- 「やります」「できます」と言うが、実際、相手が望んでいることはできていない。
- 目の前のことはできないとしても、もっと別の能力があるはずだと思っている。
- 目標設定が大きすぎる。
- 現実逃避をする。

思いあたることも、そうじゃないこともあります。わたしは自分の可能性ばかりに目を向けてなんかいません。

うわべはそうかもしれませんね。でも、心の内側は、自分の可能性ばかり追いかけています。

どういうことですか？

婿養子としてご主人に実家に入ってもらって、お子さんを3人もうけたんですよね。

はい。

あなたは、お母さんが亡くなると、その悲しみから逃げるように、ヨガにすがり、夢中になった。そして、自分が好きなことをやって家を空けてばかり。その間、ご主人は酒屋を切り盛りしていた。お父さんが亡くなって、ようやく家に目を向けたら、ご主人は浮気をしていて、しかも、酒浸りだった、ということですね。

たしかに、事実はその通りですが……。

父親からは家業を継いでほしいと言われていたけれど、結局、あなた自身が中心になってそうすることはなかった。目の前にある現実から目を背けて、自分の可能

性ばかり追いかけた。「もっと、私はできるはず」「家におさまっているタイプじゃない」と、遠くばかりを見ていた。結果として、足元の現実に気づかなかった。

だから、夫がアルコール依存症になったのは、わたしにも責任があると思っています。わたしが悪いんです。

良い悪いの話はしていません。問題を解決するときは、感情は入れず、事実だけに目を向けます。

「自分の人生」を自分で選ぶ

わたしはどうすればいいでしょうか？

そうですね……。ヒントをあげましょう。

あなたはさっき、ご主人のことに関して自分にも責任があると言いましたね。ご

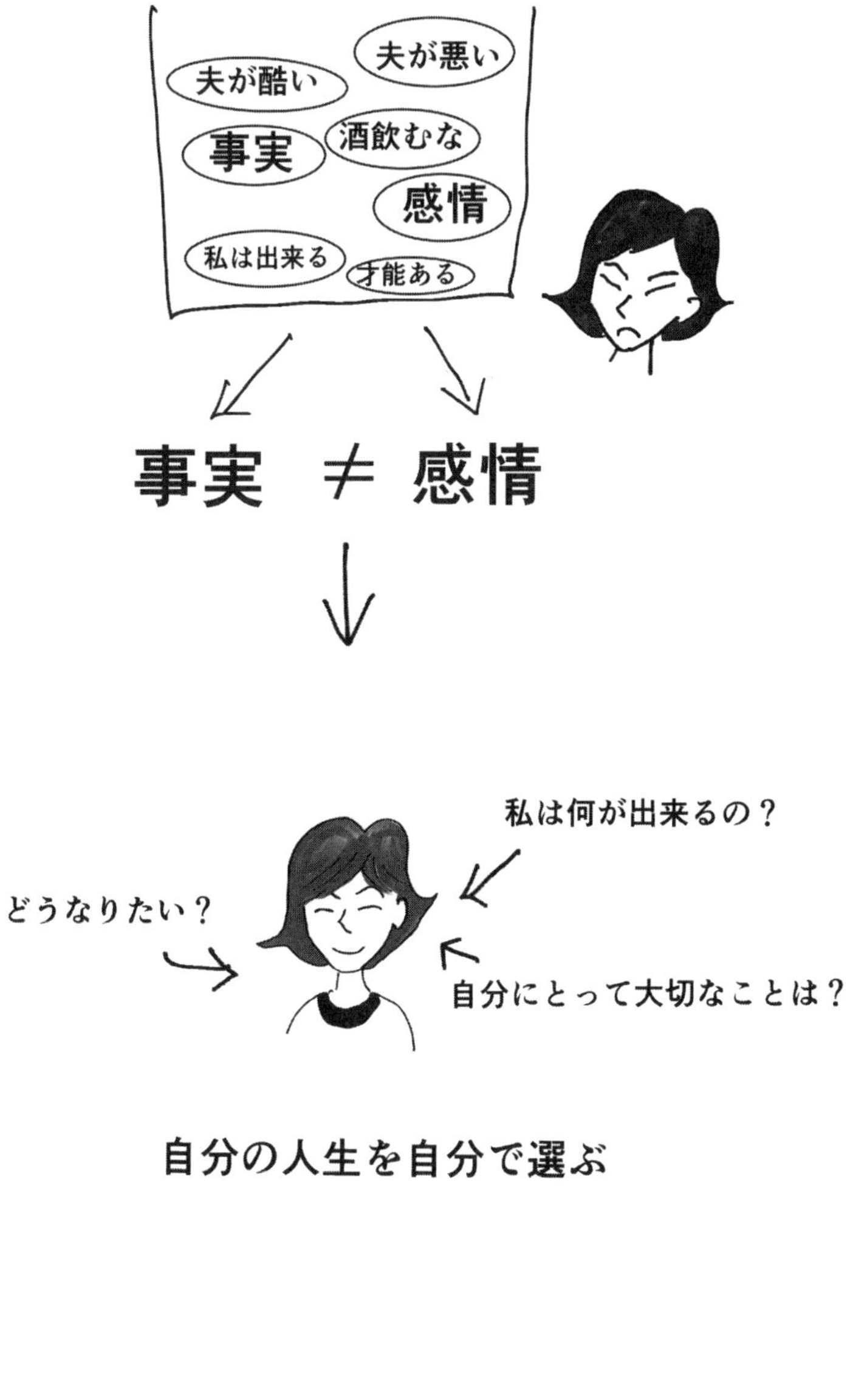

夫が酷い
夫が悪い
事実
酒飲むな
感情
私は出来る
才能ある
事実 ≠ 感情
私は何が出来るの？
どうなりたい？
自分にとって大切なことは？
自分の人生を自分で選ぶ

主人のことに関してあなたに責任があるかどうか、私にはわかりません。ただ、確実にひとつ言えるのは、ご主人の人生に責任をもつ前に、あなたはあなたの人生に対して責任をもたなければいけない、ということです。そのためにも、ご主人よりも前に、**自分にベクトルを向ける**必要があります。

自分にベクトルを向ける？

そうです。自分の内側に問いかけるのです。その際、役立つであろう言葉をプレゼントしましょう。

私にとって真理であるような真理を発見し、私がそれのために生きそして死ぬことをねがうようなイデーを発見することが必要なのだ。

（前掲『人と思想19 キルケゴール』）

どういう意味ですか？

簡単に言えば、あなたに必要なのは、**「自分にとってほんとうに大切だと思うことを、自分自身で見つけること」**という意味です。

あなたは、これまで、親の意見や環境に流されて生きてきた。あたかもそれが真理であるかのように、疑うことなく、そのレールの上を歩いてきた。

「お父さんの勧めで簿記の専門学校に行って経理の仕事についた（親の意見）」「ひとりっ子で生まれて実家の酒屋を継ぐことになった（環境）」「婿に入ってくれる人を選んで結婚した（親の意見＋環境）」……。みんな、自分で選んだことではありません。

自分でも選んできたつもりですけど。

残念ながら、それは錯覚。自分で選んでなどいない。

ヨガはどうですか？　自分で選んで夢中になりました。

ほんとうに自分でヨガを選んだのですか？　私の目には、こう映ります。母親を

亡くしたことの喪失感、家業から逃げだしたくなって、たまたま友人に勧められたヨガを始めた。ヨガにハマっているときは、現実を直視せずにいられた。だから続けていた。決して、あなた自身が選んだわけではない。

わかりました。自分から選び取ったものではないとして、それはいけないことですか？　環境に順応したり、人の意見を取り入れたりして生きるのは悪いことなのでしょうか？

良い悪いはありません。ただ、あなたが自分を選び取ってこなかったことが、今のあなたの人生につながっている、という事実があるだけです。

……。

もし、あなたが人生を変えたいのであれば、「何かやることを選ぶ前に、まず**自分を選ぶ**」ことです。「自分は誰か」を自分で創作し、その「誰か」の表現として、やることを選ぶのです。

わかりやすくたとえてみましょう。自分は「いきいきと健康に生きる私である」

と創作したのなら、その表現としてはじめて、ヨガならヨガを選ぶ、ということです。

過去に起こったことは変えられません。**過去に起こったことは終わったこと**です。でも今、この瞬間から、自分の人生を自分で選ぶことはできます。この瞬間から、自分らしい人生を始めることはできます。どう在りたいか、どう生きたいのか、自分に相談し、自分で創作できます。

自分で創作できる？　この年で、今から自分の人生を自分で創れるということですか？

できますよ。自分の人生を生きてください。

気持ちが少し楽になりました。わたし、夫と離婚したほうがいいのかな……。

くり返しになるけれど、あなたが、どう在りたいかを決めてから、どうするかを決めることです。あなたは、絶望を体験し、絶望を理解した。そして、自分で選択して生きる生き方こそが最高の生き方だと、なんとなくわかり始めている。あとは

話し合ってくださない。ご主人とではなく、まずは、自分自身と。

わかりました。やってみます。

＊

その後、尚子さんは離婚を決めて、酒屋もたたみ、単身、東京へ出ました。そして、簿記1級の資格を活かし、経理部長として就職。今は自由に楽しく第二の人生を生きています。3人の子どもはすでに独立し、孫もできました。

ご主人は実家に戻ってお酒をやめ、再就職しました。

それぞれが幸せな道を歩みだしたのです。

キルケゴール先生が伝えたいこと③

自分にとってほんとうに大切だと思うことを、自分自身で見つけてみて！

Column 3

生涯の〝恋人〟レギーネ

9歳年下のレギーネに一目惚れ

キルケゴールの思想に大きな影響を与えたのは前出の父親だけではありません。レギーネ・オルセンもそのひとりです。

レギーネの父親は、現在でいうところの財務大臣や中央銀行総裁を務めていたテァケル＝オルセン。レギーネはその末娘で、愛らしい美貌の持ち主でした。

2人が出会ったのは、1837年5月、コペンハーゲン近郊のある家で開かれたパーティーでのこと。24歳だったキルケゴールは、9歳年下のレギーネに一目惚れしたのです。

しかし、当時のキルケゴールは、荒れた生活を送っていたり、神学の試験に打ち込んだりしていて、恋が成就《じょうじゅ》することはありませんでした。

ただ、レギーネへの愛情は抱き続けます。1839年2月2日の日記には、

「レギーネよ、わが心の女王よ」

と書き綴《つづ》っています。

一方のレギーネは、家庭教師であったシュレーゲルからも思いを寄せられていました。レギーネの父テァケルは、シュレーゲルとの結婚を前提とした交際を許していたのです。


しかし、キルケゴールは、あきらめません。

1840年7月、神学試験を優秀な成績でパスすると、レギーネに積極的にアプローチを開始。キルケゴールは、この2年前に亡くなった父の遺産を相続し、結構な資産がありました。加えて社交家としての才能もあったため、オルセン家に客として迎えられるようになると、すぐに娘と父両方の心を捉えたのです。

同年9月8日にレギーネに結婚を申し込むと、その2日後には承諾の返事をもらい、婚約成立。このとき、キルケゴールは27歳、レギーネは18歳でした。

結婚を申し込んでおきながら、自ら破談に

以来、キルケゴールはレギーネの家をしばしば訪れて、親密な時間を過ごします。しかし、この幸福は長くは続きません。

キルケゴールは、レギーネを愛すれば愛するほど、「自分は彼女の結婚相手としてふさわしくないのでは？」と思い悩むようになったのです。

キルケゴールは当時の日記に次のように記しています。

「しかし内面はどうかと言えば、婚約の次の日に、私は過失を犯したことに気づいた。悔いあるものである私、私の経歴、私の憂鬱、それだけでもう十分であった。私はそのころ、書き表せないほど苦しんだ」

「私が悔いあるものでなかったら、過去の経歴をもっていなかったら、憂鬱でなかったら、かの女との結ばれは、かつて夢みたこともないほど私を幸福にしてくれたことであろう。しかし悲しいかな、私じしんが変わらないかぎり、わたくしはかの女とともにある幸福よりも、かの女性なきわたくしの不幸においてこそ、いっそう幸福でありえたといわねばならなかった」（前掲『人と思想19キルケゴール』）

キルケゴールがレギーネとの婚約に苦悩した理由は大きく3つ考えられます。

ひとつは、死を予感しながら生きていたこと。

父の犯した罪（45ページ）により、7人のきょうだいのうち、長男と自分以外は33歳（キリストが磔になったとされる年齢）を超えることなく亡くなっている。今27歳の自分も33歳まで生きられるかどうかわからない。しかも、長男の妻も結婚の9カ月後に亡くなっている。

自分たち家族への呪いを、愛するレギーネにまで背負わせるわけにはいかない。キルケゴールがそう考えたのは無理もないことです。

2つめは、自身の性格。

キルケゴールは、快活で社交的な面を見せる一方、内面は父親譲りの憂鬱な性格も持ち合わせていました。レギーネがうかがい知ることのない闇を抱えていたのです。結婚すれば、その闇を隠し続けることはできません。

3つめは、レギーネの信仰心を高く引き上げられなかったこと。

キルケゴールは、神学試験に合格するなど、キリスト教を篤《あつ》く信仰していました。「愛する女性には自分と同じくらいの信仰心を持ってほしい」。そう願ったキルケゴールでしたが、叶わなかったのです。

キルケゴールは、レギーネとの婚約を一方的に破棄します。婚約から11カ月後の1841年8月に、レギーネの元へ婚約指輪を送り返したのです。短い手紙を添えたものの、理由は書きませんでした。

レギーネとその家族は当然納得がいきません。キルケゴールに婚約破棄の取り消しを迫りましたが、彼の決意は変わることはありませんでした。

レギーネこそが執筆のエネルギーの源泉

しかし（ここがキルケゴールの個性的なところなのですが）、キルケゴールはレギーネを嫌いになったわけではありません。

彼女への愛を深めたいがゆえに別れを選んだのです。

1843年に発表した処女作『あれか、これか』所収の小説「誘惑者の日記」には「彼女を突き放すために、彼女に向けて書かれた」と綴っています。この他にも、レギーネの関心を引き続けるかのように、実に多くの作品を世に生み出しています。

キルケゴールが牧師の道ではなく著作家の道を選んだ最大の要因は、レギーネだったと指摘する研究者もいます。

レギーネはキルケゴールとの婚約が破局した後、もともと交際していたシュレーゲルと結婚をしました。

しかし、キルケゴールのレギーネに対する愛は変わることなく、「自分の死後、残された財産は、レギーネ＝シュレーゲル夫人に相続してほしい」という遺言を残しています。

キルケゴールは1855年、路上で昏倒《こんとう》し、病院に担ぎ込まれて入院。40日後に病室で息を引き取りました。42歳でした。

Chapter 4

必然性の絶望①

死に至る病とは絶望のことである

（『死に至る病』セーレン・キェルケゴール著、鈴木祐丞訳、講談社）

みゆきさんのケース

みゆきさん（55歳）は会社員。夫と2人暮らし。近所で実の母親がひとり暮らしをしている。

「精神の死」こそがほんとうの死

人生に絶望しています。すべてがイヤになって、苦しくて、ときどき死にたくなります。

死にたくなる？　自殺したいっていうこと？

はい。でも、いざとなると、怖くて自殺なんてできません。

確認しますが、あなたの言う「死」は、肉体の死のことですか？

ふつう、そうですよね。

たしかに肉体も死にます。肉体の死は恐れられてもいるでしょう。苦しいとき、肉体の死を選びたくなることもある。しかし、考えてみてください。肉体がなくなれば、苦しみは終わるのでしょうか？

肉体が死んでも苦しみは続くと？

さあ、それはわかりません。でも、続かないとも言い切れません。もし、精神が永遠だとすれば、どうでしょう。私は、肉体の死ではなく「精神の死」こそが、人にとって、個人にとって、大きな問題だと考えます。

精神の死？

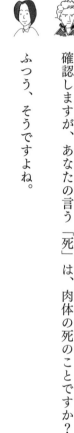

人間とは精神のことです。精神の死こそが、ほんとうの死。ほんとうに恐れるべきは、肉体の死よりも、精神の死です。

「自己の喪失」こそが絶望

ちょっと待ってください。肉体の死を恐れない人がいるでしょうか。

たとえば、子どもを愛する親は、「この子を失うくらいなら、死んだほうがまし」「自分の命に代えても、この子を守りたい」と考えます。この場合、自分の肉体の死に対する恐怖は消えています。

これは、ある真実を我々に伝えています。もし、**肉体の死に対する恐怖を乗り越えたいのであれば、「肉体の死に対する恐怖（＝肉体を失う恐怖）」以上に、失うのが怖いものを目標に設定せよ**、ということです。

それほどの高い目標をもつ。そうすれば、それより低い目標を失うのは怖くなくなります。

こういうことですか？　お酒が大好きな人が、健康のことを考えてアルコールを断つ悲しみを乗り越えるとするならば、お酒以上に好きなものを見つけろ、と？

……。近いといえば、近いです。

絶対に失ってはいけない高い目標を失うのは、自己を失うのと同じです。自己の喪失こそが絶望です。この絶望こそ、「死に至る病《やまい》」です。

よくわかりませんが、自己を取り戻すには、どうすればいいのですか？　その精神の絶望から抜け出すには、どうすればいいのですか？

まずは、**自分の中の絶望を見つめる**ことです。さあ、自分を見つめて、話してみて。あなたの絶望を。

ほとんどの絶望は家族関係が原因

あまりにも仕事が忙しいので、すべてを投げ出して、通勤の途中で電車に飛び込みたくなることがあります。それがわたしの絶望です。

「仕事が忙しい」ことが絶望？

はい。

なぜ、「仕事が忙しい」と絶望するのですか？

なぜかな。母親からの電話に出づらくなるからかも……。

仕事中にお母さんから電話がかかってくるのですか？

はい。わたし、結構、母につくしています（笑）。母は80歳を過ぎて、夫、つまりわたしの父を亡くして、ひとり暮らしになってしまったんです。わたしはひとりっ子で、母が頼れるのはわたしだけ。だから、しょっちゅう連絡をしてきて、「これもやって、あれもやって」と言ってくるんです。仕事が忙しいとその電話に出づらくなります。

出なければいいのでは？

まさか!! 出ないなんてありえません。かわいそうだし、心配だし、親からの電話に出ないのはいけないことだと思っています。母との電話のときは、自分から切ることさえしません。母が切ったのを確認してから、わたしが切ります。

なるほど。あなたの絶望は、仕事の忙しさではなさそうですね。むしろ、お母さんとの関係。

母親との関係？

そう。絶望はほとんどの場合、自己と何かとの関係によって起こる。そのほとんどの原因が、自己と他者との関係。つまり、人間関係です。そして、人間関係の悩みのほとんどが家族との関係にあります。絶望はほとんどが家族との関係によって起こると言っていいでしょう。あなたの場合は、母親との関係ですね。

人は過去を引っ張り出して生きている

お母さんのことは好き?

もちろん好きです。でも、ときどき、わずらわしいと思うことがあります。「今日は誰と会っていたの?」「何をしていたの?」などと、監視するような感じで、細かく尋ねてきます。「○○さんに会っていた」と答えると、「お母さんよりも、その人のことが大事なの?」と詰め寄ってくる。そんなこと聞かれても答えようがないし……。さすがにそんなときはイヤだなと思いますね。

電話を切ったあとに、我に返って「出なければよかった」「ああ言えばよかった」

と考えます。

そういう反省は何の役にも立ちませんね。逆に、傷を深めることになります。精神的につらくなるばかりです。

なぜなら、**反省は「過去を反芻《はんすう》している（くり返し味わう）状態」**だからです。解釈（過去の自分の行為に対する後悔の念）に解釈を上塗りすることになり、その結果、自分をどんどん否定的に捉えるようになってしまいます。

話を続けて。

以前、一度だけ母親の電話を自分から切ってしまったことがあります。そのとき、なぜか、怖くなって体がガタガタ震えました。今もなぜそうなったのかわかりません。

理由は明白ですよ。「過去の自分」と話をしているからです。

電話を切った瞬間、そんなことをしてしまった「過去の自分」を、頭の中で会話するように反芻していたのです。

過去の自分？

そう。親との電話を先に切ってしまって、恐怖心を覚えたのは、**あなたの中で、「今」が過去になったから**です。

今が過去になる？　意味がわかりません。

いささか厄介ですが、単純な話です。多くの人は**追憶を反復しながら生きています**。

ツイオク？

言葉を換えれば、過去の記憶を何度も引っ張り出しながら生きている、ということです。

「親にNOと言う＝生存の危機」は思い込みにすぎない

幼い頃、あなたがお母さんの言うことを聞けば、お母さんはやさしくしてくれた。逆に言うことを聞かないと叱られたり、冷たくされたりした。違いますか？

そうです。けれど、どこの家もたいていそうですよね。

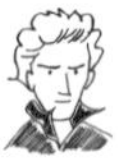

ヒトの子はオギャーと生まれてからある程度成長するまでは、親（もしくは「育ててくれる人」）がいなければ生きていけません。親に嫌われることは、命取りになる。それが怖い。だから、嫌われないように言うことを聞いていた。違いますか？

覚えていません。でも、言われてみれば、無意識に嫌われないようにしていたかもしれません。

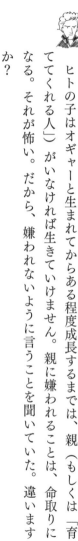

幼い頃の親との記憶は、無意識の中にしみついています。完全に子どもの頃の自分の感情であって、今の感情ではないはずなのに、親に会うと、とたんにそのときの感情が蘇ってしまうのです。

どうしてそうなるのですか？

親に脅かされた記憶が湧いてきて、頭の中が過去の状態になる。瞬間的に反応して、「今が過去に」なってしまうのだと思います。

親との間に何か起きると、無意識に「嫌われたくない」という過去の記憶が顔を出す。しみついている体の反応が「生存の危機です！」と脳細胞に指令を出すのです。

だから、ＮＯと言えない。

そのため、親から電話があると、いやでも過去の自分になってしまうと？

そのとおりです。それが、あなたの絶望の原因です。

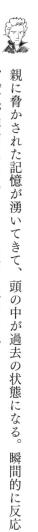

「在りたい人生」を創造すると幸せになる

絶望を解決するために、わたしはどうすればいいのでしょうか？

あなたが考えることです。あなたがあなた自身に聞いて、あなたの責任において、答えを出すことです。

そんな……。

ヒントをひとつあげましょう。過去に生きないで「今」を生きてください。

「今」を生きる？

そう。次の言葉を贈ります。

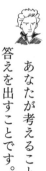

反復と追憶とは同一の運動である、ただ方向が反対であるというだけの違いである。つまり追憶されるものはすでにあったものであり、それが後方に向って反復されるのに、ほんとうの反復は前方に向って追憶される。だから反復は、それができるなら、ひとを幸福にするが、追憶はひとを不幸にする。

（『反復』キルケゴール著、桝田啓三郎訳、岩波書店）

む、むずかしい！　どういう意味ですか？

簡単にいえば、こういうことです。

過去の記憶を何度もくり返し取り出して生きることは人を不幸にする。自分の目の前に「在りたい人生」を創造して生きることをくり返せば、人は幸せに生きられる。

あなたのように、過去に支配されている人はたくさんいます。幼少期の親子関係に支配されている人はあなただけではない。私もそのひとりです。決して自分を責めないでください。

「必然性の絶望」の特徴

実は、もうひとつ困りごとがあります。

言ってみて。

夫にもうんざりしています。夫は短気で、すぐにイライラして、ぶつぶつ言いだす。「なんで、そんなにイライラするの！」ってカチンときて、言い合いになります。

絶望には4つの種類がありますが、あなたは「必然性の絶望」の典型ですね。

必然性の絶望？　何のことですか？

必然性の絶望には、次の特徴があります。

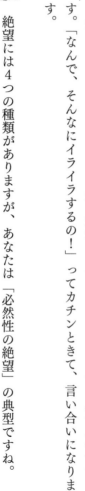

「必然性の絶望」の特徴

- 「在るべき自己」を見失っている状態。
- 目の前のことを「起こるべくして起きた」(必然的に起きた)と考える。
- 「何をやっても仕方ない」「どうせ私なんか」とあきらめている。
- 「私はこういう運命だったのだ」と勝手に宿命づける。
- 今ある現実にしがみつこうとする。

「何をやっても仕方ない」とあきらめているのは当たってる気がします。

その原因は、ご主人にありますか？

……。

あなたがうんざりするのは、ご主人に原因があるから？

どういう意味ですか？　ちんぷんかんぷんです。

自分自身から逃げている。違いますか？

逃げも隠れもしていません。

「母親が仕事中に電話をかけてくるからイヤだ」と母親のせいにする。「夫がイライラするからイヤだ」とご主人のせいにする。

だって、ほんとうのことです。

人は何か問題が起きたとき、原因を自分の外に見つけようとします。「誰々がこう言ったから」「誰々が○○をしたから」と。気持ちはわかります。でも、それでは問題は解決しません。**人間関係に悩んだときは、ベクトルの向きを１８０度回転させて、相手から自分に向ける。**そして、自分を見つめる。そうすれば、最短で解決できます。

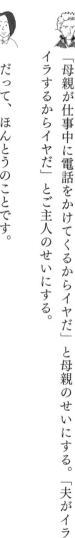

自分を見つめる？

そう。自分を見つめて、「在るべき自己」になってください。

在るべき自己？

わかりやすくいえば、「なりたい自分」のこと。

絶望の定義③▼「在るべき自己（理想とする自分、なりたい自分）」と「今の自分」の差。

この差を埋めることができれば、絶望の状態ではなくなります。だから、まず、**「なりたい自分」をイメージ**してください。あなたはどんな自分になりたい？　どんなみゆきだったらいいと思う？

母親の言うことに振り回されない自分かな？

そう、いいですね。ほかには？

夫がイライラしていても、気にしない自分。

ＯＫ！　とてもいいです。自分にベクトルを向けて、なりたい自分がわかった。次は**なりたい自分になるために、どうすればいいか、行動を考えて。**

行動を考える？

母親の言うことに振り回されない自分。そういう自分になるためには、何をすればいい？

仕事で忙しいときは、母親の電話には出ないことにする。

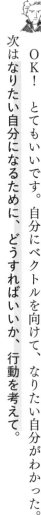

なりたい自分になるための行動を決めて
やったら「やった色」
やらなかったら「やらなかった色」で塗る

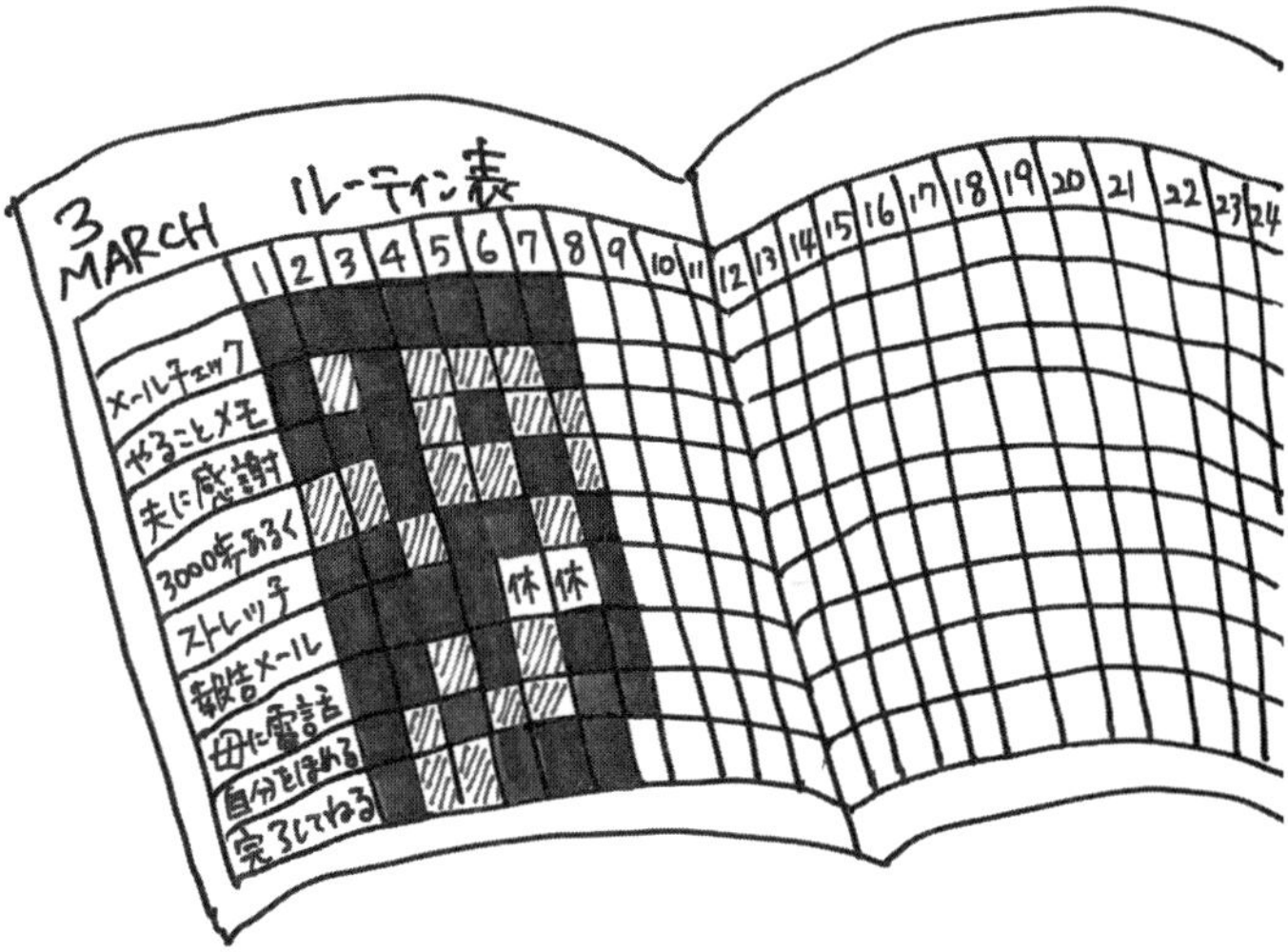

できる？

いや、無理かも……。

小さなことでかまいません。むしろ小さなことのほうがいい。なりたい自分になるためにできる最初の一歩を考えて。

携帯をマナーモードにする。かかってきてもすぐに出ないで、かけ直したほうがいいときはかけ直す。それならできそうかも。

やってみて。ご主人との関係はどうする？

夫がイライラしてきたら、その場を離れる。

いいアイデアですね。ご主人がイライラするのはご主人の問題。あなたの問題ではない。ご主人がイライラしだしたのに、その場から離れられない状態だったら？

気にしない。

そう、あなたには関係のないことだから、気にしなくていい。

あなたはいつも選べる。今の場所に居続けることもできるし、なりたい自分になることもできる。今、絶望しているなら、今が苦しいなら、「どうなりたいのか」「自分のほんとうの望みは何か」を考えることから逃げないで。それを明確にすることが大切。相手の欠点にベクトルを向けても、事態は好転しません。解決のための答えは、あなたの中にあります。

なんとなく希望が見えてきた気がします。

OK。やってみて。

＊

その後のみゆきさんは、お母さんと話し合って、ひとり暮らしのお母さんを施設に入れることを決めました。今はみゆきさんもお母さんも、穏やかな生活を送っています。

みゆきさん自身は会社を辞めて独立、本の編集などの経験を活かして、大学やカルチャーセンターなどでの講師の仕事をしています。また、NPOでキルケゴール先生と一緒に子どもたちのための教育活動も行っています。

キルケゴール先生が伝えたいこと④

過去に生きないで「今」を生きて！

Column 4

社会全体の真理を求めたヘーゲルと個人の真理を求めたキルケゴール

商品づくりにも役立つ「弁証法」

キルケゴールは、ドイツの哲学者ヘーゲル（ゲオルク・ヴィルヘルム・フリードリヒ・ヘーゲル、1770〜1831）の存在を乗り越えて、自分の思想をつくったといわれます。

キルケゴールに影響を与えたヘーゲルの思想について見ていきます。

ヘーゲルは、19世紀を代表する哲学者で、弁証法を確立したことで有名です。

弁証法▼「対立または矛盾する2つの事柄を合わせることにより、高い次元の結論へと導く思考」のこと。

わかりやすくいうと、「ある主張Aとそれに対立する（矛盾する）主張Bを、どちらの主張も切り捨てずに、合わせて、より高い次元の結論へ導くこと」です。

家庭でありがちな例をあげます。

子どもが「ゲームはおもしろいから、やりたい（主張A）」と主張します。

お母さんが「ゲームばかりやっていると勉強をしなくなるからやめなさい（主張B）」と反対します。

前者の「ゲームはおもしろいから、やりたい」は、ポジティブな考え方で、弁証法では、「テーゼ」といわれます。後者は「やめなさい」ですから、対立するネガティブな考え方で、「アンチテーゼ」といわれます。

この対立する2つの主張は、どうすれば、どちらも切り捨てずに解決できるか。

たとえば、「学習要素を取り入れた家庭用ゲームをやる」という結論が考えられます。

2つを合わせた結論のことを「ジンテーゼ」といいます。

ここまでをまとめると、

「テーゼ」＋「アンチテーゼ」＝「ジンテーゼ」

となることがわかります。

テーゼ▼ある主張
アンチテーゼ▼「ある主張」に対して反対の主張
ジンテーゼ▼相反する主張を、より高い概念の中に取り入れて統合した主張

考えてみると、世の中の商品開発には、この弁証法の考え方が取り入れられているものが多くあることがわかります。

「牛肉を食べたい（テーゼ）」

「動物性のタンパク質（牛肉）を食べすぎるのは体によくない（アンチテーゼ）」

この相反する主張をどう解決するか。

「大豆（植物性タンパク質）でお肉をつくりましょう！（ジンテーゼ）」

となるわけです。

人は、うまくいっていること（＝テーゼ）だけが達成に向かうと考えがちです。なんの障害もなく、まっすぐに進むことができれば、すばらしいゴールに到達できると思うのです。

そして、うまくいっていないこと（＝アンチテーゼ）には目をつぶったり、ないことにしてしまったりします。しかし、それは勘違いです。

「うまくいっていない」ことも、大きな飛躍の種になる可能性があるのです。

夢に向かって進んでいる途中で、周りから反対意見が出ることがあります。そのときに、あきらめたり、耳をふさいだりするのではなく、よく耳を傾けてみる。すると、思わぬ進展につながることもあるのです。

弁証法は私たちが飛躍を手に入れるための大切な考え方のひとつです。

何かを切り捨てることなく、「あれも、これも（両方とも）」調和させて一段上の次元へと高める。これを哲学用語で、「止揚《しよう》」あるいは「アウフヘーベン」といいます。

止揚（＝アウフヘーベン）▼2つの矛盾した概念が調和して一段高まること。

テーゼとアンチテーゼを止揚すると「ジンテーゼ」となります。

ヘーゲルを否定し、実存主義を唱え始める

ヘーゲルは弁証法によって「世の中はらせんを描くように歴史が新しい形で繰り返され、全体的に進歩していく」と主張しました。

A＋Bで「C」という高い次元の結論が生まれる。

次にC＋Dにすることで、さらに高い次元の「E」という結論が生まれる。

このようにどんどん止揚することで社会は進歩していく。そして、いつか、世界は本当の真理にたどりつく、と考えたのです。

ヘーゲルは、人間一般の問題、社会全体の問題を弁証法をもちいて思考した哲学者でした。

キルケゴールも、当初はヘーゲルの弁証法に影響を受けていました。

しかし、やがて、批判をするようになります。そして、

「ヘーゲルのように『あれも、これも』と欲張るとよくわからなくなる。人間は個人として『あれか、これか』を選んでいくべきだ」

「世の中の真理（＝客観的真理、だれにでもあてはまる普遍的な真理）をいくら考えたって、私個人にとっては何の役にも立たない」

「全世界がよくなっても、一人ひとりが不幸では意味がない」
「自分の生きがいになる理念や、生きる目的のほうが大事。社会全体の進歩を優先するのではなくて、主体的な真理（＝一人ひとりにとっての真理）を求めて生きていくことが大切だ」

と主張しました。

もっといえば、いまここに自分があること。「実存」を優先して考えていくことなのだ、と唱えたのです。

これが「実存主義」の始まりです。

実存主義が生まれた背景は？

実存主義とは、「いまここにある、ひとりの人間の現実存在（＝実存）としての自分のあり方」を優先する思想で、19～20世紀のヨーロッパで誕生しました。

当時のヨーロッパは、産業革命が起き、資本主義が発展していた時代。その一方で、社会は組織化し、一人ひとりの人間が歯車のように扱われ、人々が画一化・平均化していました。そのような社会にあって、主体性を失っていると考えたのが、キルケゴールをはじめとする実存主義の哲学者たちだったのです。

ヘーゲル	VS	キルケゴール
あれもこれもという考え方		あれかこれか
アウフヘーベン(AもBも含みC)		選択という考え方—自分で選ぶ
全体　水平化		単独者　個性化
存在という抽象一般概念(世界)		私という個の存在を重視
全体の一部としての精神性		かけがえのない個の存在

そして、人々が自らの主体性を回復し、真実の自己を見いだすためにはどうすればいいかを考えました。

実存主義の思想家としては、キルケゴールのほかに、ニーチェ、ヤスパース、ハイデガー、サルトルが代表的な存在です。

Chapter 5

無限性の絶望②

人生は後ろ向きにしか
理解できない。
しかし前向きにしか
生きられない

（『すごい言葉　実践的名句323選』晴山陽一著、文藝春秋）

和恵《かずえ》さんのケース

和恵さん（46歳）は独身。
友人を誘って仮想通貨の投資グループをつくっていたが……。

投資先の窓口と急に連絡が取れなくなった

わたしはどうしたらいいのでしょう？

藪《やぶ》から棒に何？　ふらふらしているし、顔色も悪い。何があったのですか？

ここ数日間、食事が喉を通りません。

とにかくお茶を飲んで。温かいスープもあるから、よかったら召し上がれ。

ありがとうございます。でも、今は何も食べたくありません。

いいでしょう。気が向いたら、少しでも口にして。で、いったい何があったのですか？

グループでやっていた投資が失敗しました。仲のいい地元の友人やＳＮＳで知り合った仲間たちと一緒にやっていた投資です。

あなたが中心になってやっていたのですか？

そうです。そもそもは、知人のＡさんから聞いた儲け話がきっかけでした。「いま、Ｂフィナンシャルという投資会社に投資しているんだよ。株やビットコインとか、いろんな金融商品に投資していて、すぐに儲かる。すごいよ」って。わたしはすぐにＡさんを通してやってみました。すると、ほんとうにどんどん儲かって、すぐに資金が10倍、20倍に増えました。

夢みたいな話ですね。

金の鉱脈を掘り当てた気分で、毎日ウキウキでした。自分だけ美味しい思いをするのもなんだし、って思い、仲のいい友だちにも声をかけたんです。友が友を呼んで、あっという間に投資仲間が１００人くらいに膨《ふく》らみました。

あなたはその１００人のとりまとめ役になった？

そうです。みんなから集めたお金をＡさんに渡し、それをＡさんがＢフィナンシャルに投資する。めちゃめちゃ利益が出て、わたしはみんなからとても感謝されました。

ところが、ある日突然Ａさんと連絡が取れなくなったんです。Ａさんには、１００人の仲間たちから集めたたくさんのお金を預けていました。Ａさんとグルになっていると疑われたわたしは、「あなたが騙《だま》したんでしょう！」「金を返せ！」と詐欺師呼ばわりされました。でも、わたし自身もたくさんのお金を失ったんです。騙したのは、わたしではなくＡさんです。

美味しい話はいつまでも続かない

まさに天国から地獄か。

地獄……。生き地獄です。「大勢の人に迷惑をかけてしまった」という罪悪感で頭の中がいっぱいです。思いつく先は全部当たってみたけど、Aさんは見つからない。わたし自身、ほぼ全財産を失ったから、１００人分の損失を埋めることなんてできない。

そのうち、人の目が怖くなり、家から一歩も出られなくなりました。食べ物を買いに行くことさえできないほどでしたが、そもそも食欲のかけらもない。「わたし、このまま弱って死んでいくんだ」と思っていた矢先、見かねた親友が、引きずるようにして、わたしをここに連れてきてくれたんです。

いつまでも美味しい話が続くわけがないことは、うすうすわかっていたのでしょう？

いま考えれば、「はい」かもしれません。心のどこかに、いつも不安な気持ちがありました。

現実が見えていたんですね、少しは。

儲かっているときは「いける！」という思いが強くて、不安はあったとしても、意識には表れていませんでした。冷静に考えたら、短期間でお金が何倍にも増え続けるなんてありえないのに。

で、今は投資をやめたわけですね。

はい。

あなた、完璧ですよ。何も問題ありません。もともと投資は自己責任です。いつも心のどこかで、「うまくいかなくなるかも」と思いながら投資を続けた。実際、うまくいかなくなった。すべてを失うことで責任を取っている。思い通りですね。

失敗は今後の人生に活かせばいい

思い通りなんて、そんな……。わたしは絶望しているんです。

何に絶望しているんですか？

友と思っていた人たちを失ったことです。

なるほど。でも、実のところ、あなたが絶望しているのは、「友を失ったこと」ではありません。「友を失った自分自身」に絶望しているのです。

自分自身に？

そうです。絶望のタイプでいえば、夢見がちな「無限性の絶望」（33ページ参照）です。現実の自分を認めず、自分で自分を疎外している。

ソガイですか？

簡単に言えば、自分で自分自身を嫌って、除《の》け者《もの》にしているんです。自分を見失っている状態ともいえるし、言葉を換えれば、自分を否定しているともいえます。まずは、「友を失った自分自身」を自分で受け入れることから始めてみては？

自分自身を自分で受け入れる？

ありのままの自分を受け入れるんです。友を失った自分を許すんです。「今は友を失っている自分だけど、それも自分。それはそれで、まっ、いっか」と。

「まっ、いっか」ですか？

そうです。「友だちのいない自分も、まんざら捨てたもんじゃない。友だちが欲しかったら、また新しくつくればいいじゃない」って。それが絶望から逃れる第一歩です。

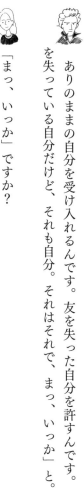

でも、友を失ったことはやはり悲しいです。

でしょうね。ただね、和恵さん。人生は後ろ向きにしか理解できないのです。起こったことしか理解できない。そして、前を向いてしか生きられない。
　誰かをなくした悲しみは、誰かをなくした後にならないと、理解できない感情です。友を失った悲しみは、友がそばにいる間には、理解できない感情だったのです。
　つらいでしょう。しかし、あなたの悲しみは、自分の人生を自分の手に取り戻す上で、味わうべき感情です。**悲しみにフタをせず、とことん味わいつくしてください。**フタをすれば、悲しみは残ったままで学びもありません。こんな言葉をあなたに贈りましょう。

人生は反復であり、そして反復こそ人生の美しさである

（前掲『人生の知恵XIII　キルケゴールの言葉』）

過去の教訓を現在に活かす。過去↓現在↓過去↓現在……。人生では、この反復が大切です。過去を取り出すだけの人生はダメです。体験したことを悔やみ続けるのではなく、体験したことを今後の人生に活かす。すると人生が豊かになります。

再スタートにふさわしいトラブル

ところで、仲間だった人たちは、元気にしていますか？

直接話していませんが、風のうわさでは、元気にしていると聞きます。

では、よかったですね。

ちっともよくありません。

なぜ？　あなたは「人間らしい生活に落ちついた」という解釈はできませんか？

みんなで楽しく投資をして、仲間たちと夢を語り合った。それが今ようやく終わった！　いい感じだと思います。

そんな簡単な問題ではありません!!

どんな問題ですか。享楽的な人生から、心を入れ替えて、道徳的な人生に移ろうとしている。私の言葉でいえば、「**審美的な人生から倫理的な人生に乗り換えをしている**」んです。あなたにとって、再スタートにふさわしいトラブルです。

再スタートにふさわしいトラブル？

そう。**絶望はあらゆることの出発点**となります。

絶望は人々が絶対的なものを見出すための真の出発点である。

（前掲『人生の知恵XIII　キルケゴールの言葉』）

あなたの仲間にとってもしかり。あなただけが大変な思いをしているわけではない。あなたより多い額の財産を失った人もいるでしょう。
それでも生きていくのが人間です。**人間は死ぬまで生きる権利がある。**しでかしてしまったことから学び、義務を果たして責任を取ります。

義務？　勤労とか納税の義務ってやつですか？

たしかにそれも義務といえば義務ですが、私が話している義務は、「自分で決めた社会への役割を果たすこと」です。この義務は自分で決められます。イキイキ生きる道を自分で創作するだけです。
あなたは、自分で人生を壊したわけではない。鉈《なた》を振り回しながら生きてきたわけではない。やってきたことが壊れただけです。過去は元に戻せません。しかし、人生はすばらしいもので、今ここから生きることができます。ここから創ることができます。しっかりしてください。

自分を選択するかどうかで未来は違って見える

わかったような気もしますが、いまひとつ腑《ふ》に落ちません。

何が引っかかっているのですか？

わたし、20歳の頃から整体師として働き始め、20代後半には妹と一緒にカフェも始めました。昼夜を問わず働いたおかげで、お金は貯まりました。でも、40歳を目前に控えた頃、体が悲鳴を上げていることに気づきました。「この生活をずっと続けることなどできっこない。体がもたない」と思い、カフェをたたんで投資の勉強を始めたんです。

あなたは頑張ってきたのですね。

ちょうどその頃にAさんの話を聞き、カフェを売ったお金で投資を始めました。

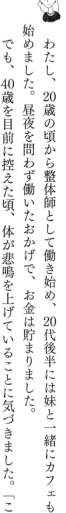

そうですか、意図通りですね。何が問題？

結婚もせず一生懸命働いてきたのに、この有り様で……。

自分を選択せず、調子に乗ってるときには、絶望の絶頂期だと知らず、やれると思っている空想の中にいて、現実に戻ってきたら、どうにもできない状況になった。ただそれだけです。自分が選んだことです。あなたは、「自分を失う」「自覚しない」という選択をしてきたんです。

さて、これからはどうしますか？　自分を選択しますか？

自分を選択？

自分を選択するかどうかで未来が違って見える可能性があります。

……。

お金は行動の先についてくる

まだ、あなたの中で、何かがこんがらがっている。さらなる自己分析が必要ですね。もう少しあなたのことを話してみて。たとえばお母さんのこと。

母は自由奔放に生きてきて、結婚も5回しました。わたしは4回目の結婚のときの子です。そのとき妹が生まれました。父親違いのきょうだいもたくさんいます。

かなりユニークなお母さんですね。

母は、いってみれば〝女版寅さん〟ですね。「男はつらいよ」のフーテンの寅さんみたいに全国を働きながら回っていたんです。寅さんと違って、結婚は5回もしていますが。

家にはいなかったのですか？

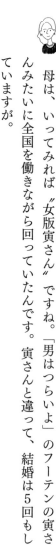

本書をお読みくださった皆様へ
非売品セミナー動画をプレゼント

まずは下記の二次元コードより
アイアイ・アソシエイツ公式LINEへ
登録してください。

『超解釈キルケゴールの教え』が生まれる
きっかけとなった伝説のセミナー
「絶望シリーズ」の動画を
プレゼントいたします。

「絶望」があるからこそ人生は深い。
そしてこの動画は、本書を楽しむための
強力なサポートにもなります！

また公式LINEにご登録いただくと、
毎日を創作するヒントとなる
堤久美子からのメッセージ
「哲学クリエイター」が届きます。
お楽しみに！

本チラシに関するお問い合わせ：一般社団法人アイアイ・アソシエイツ事務局
住所：東京都品川区西五反田8-1-13 タケウチビル2階
E-mail: info@ii-associates.com / Tel：03-6431-8384

はい。だから、帰ってきて母に会えると嬉しかったです。母の口癖は「好きなように生きなさい」。放任主義で、門限もなく、わたしと妹は自由に好きに生きてきました。

お母さんは今どうされてますか？

……。実は、3年前に亡くなってしまったんです……。

どうしました？　泣いているんですか？

ごめんなさい。なぜか涙が出てきました。話しているうちにわかってきたんですが、わたしの人生は、母が不在だった寂しさを埋めるためのものだったのかもしれません。お金に執着したのもそうです。今は、そのお金も全部失ってしまいました。わたしにはもう何もない。何も残っていません。

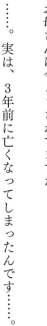

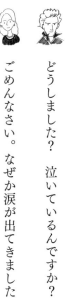

妹さんはどうしているの？　元気でいますか？

はい。

それはよかった。お金はなくなったし、お母さんも亡くなってしまったけれど、それでも、あなたと妹さんは元気に生き、たくさんの思い出が残っている。仲間だった人たちも、あなたの前からはいなくなったけれど、どこかで、それぞれの道を生きている。みんな、ここから始められる。わかりますか？

なんとなく。

あなたにこの言葉を差し上げます。私が日記に記した言葉です。

私自身の使命が何であるかを理解することこそが重要なのだ。

（前掲『キェルケゴールの日記——哲学と信仰のあいだ』）

お金や財産はなくなったらまた欲しくなり、増えたらもっと欲しくなる。とめどない欲望です。満たされることがないから、幸せも感じにくい。しかし、**自分の使命を発見し、理解し、生きるのならば、そこには、この上ない充足感があります。**自分が誰として生きるのかを考えて行動する。お金はその行動の先についてくるものです。今から始められます。どうですか。始められますか？

「生きなおしてみよう」と少し思えてきました。結局、欲をかくとダメってことなんですね。

欲は人間である以上なくなりません。悪いことではありません。それを踏まえた上で、自分を生きることが大切です。

現実逃避をやめて、「今」に戻ってきて、「今」を生きる。夢から目覚め、本来の自分を生きる。精神的に強くなった自分を承認し、創作的な人生を生きる。そうすれば、バランスよく生きられる可能性が生まれます。今、和恵さんには何も悪いことは起きていませんよ。

絶望から抜け出す5つのステップ

ありがとうございます。結局、自分で自分の人生を創らない限り、幸せになれないんですね。でも、何から始めればいいのでしょう。

まず自分で自分になることが必要です。あなたは「自分を忘れてしまっている絶望」に陥っていて、自分が誰かがわかっていません。なりたい自分に自分がなること。創作をしていくことが必要です。毎日意識してほしいチェック項目があるので紹介します。「絶望から抜け出す5つのステップ」です。

【絶望から抜け出す5つのステップ】

1. 自分は絶望の状態かチェックする。
2. ここから発展する意欲があるのか自分に聞く。
3. 前進するためにいろいろな可能性を探索する。

4．自分を肯定する。
5．人が存在していることに感謝する。

このステップを続けることで、自分を生きることに意識が向けられ、お金で寂しさを埋める人生を生きなくてよくなるでしょう（157ページイラスト）。**毎日の継続、反復が、人生に深みをもたらし、満足感を与えてくれます。**

特に、あなたの場合は、事が起きたときに周囲のせいにする傾向があります。周囲のせいにするということは、自分を見ていないということ。**5番目の「人が存在していることに感謝する」は特に意識してください。**感謝をくり返すことで、「誰々のせい」にしなくなります。

毎日やってみます。わたしが今日つかんだことは、自分を知ること、そして、選ぶこと、そのうえで、創作することです。キルケゴール先生に話をしてすっきりしました。

私は個人を重視する立場です。あなたはあなた自身です。自分を知る、相手を知

る、世の中を知る手段のひとつが対話です。対話を通して自分自身を自覚できます。あなたは対話によって、あなた自身を少し取り戻せたのでしょう。

ほんとにつらくて自分を責めるだけで、誰かと対話することも、自分と向き合うこともありませんでした。つくづく対話が大切だとわかりました。

自分についてはわからないことも多いし、死ぬまでその探求は続くかもしれません。

でも、この先、なんとか生きていけそうです。それに、「みんなが対話できる世の中にする」という自分の目的もできました。

よかったですね。最後にもうひとつだけ言葉を贈ります。

愛とは愛を前提とすることであり、愛をもつということは、愛を他人に前提することであり、愛に満ちているということは、他人が愛に満ちているということを前提にすることである。

（前掲『人生の知恵XIII　キルケゴールの言葉』）

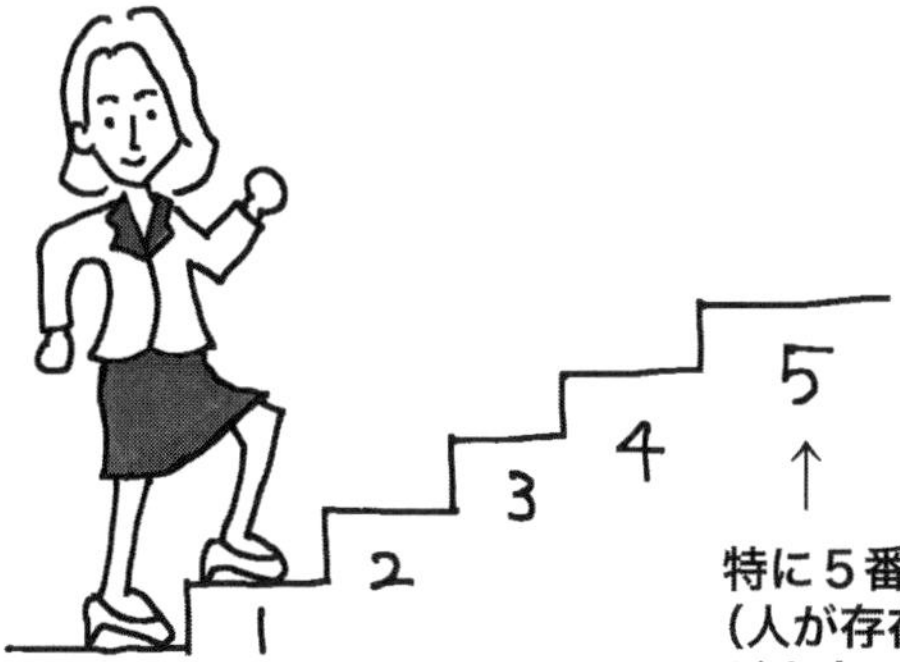

特に５番目のステップ
（人が存在することに感謝する）
が大事！

5つのステップ上り下りを
日々くり返す

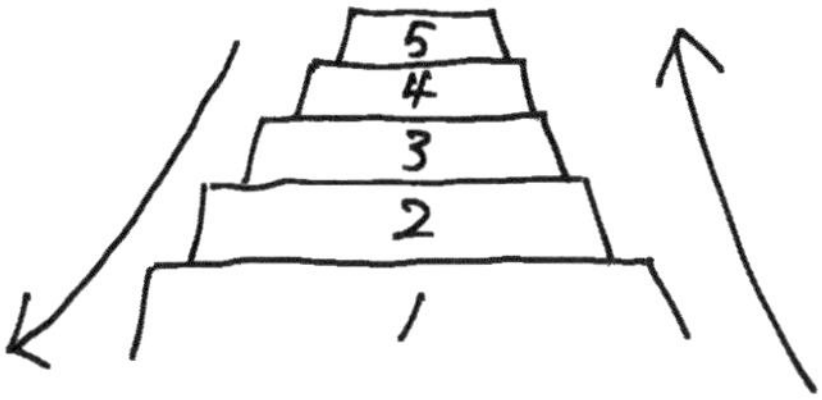

どういう意味ですか？

簡単に言えば、**愛を前提に生きてみましょう**、ということです。あなたは、自分の過去を憂《うれ》い、今を生きる可能性を見失い、自分を愛することを忘れていました。「自分を愛さない」ことで無限性の絶望に至ったけど、ずっと強いふりをしていた。
大事なのは、自分を愛することを前提にし、他人を愛し、その生き方が愛に満ちる生き方です。そうすれば、真の自分を生きられるようになります。

自分を愛するんですね。先生の話を聞いたら、おなかが鳴ってきました。さっきのスープ、いただいていいですか？

もちろん！　すぐに温め直しますよ。たくさん召し上がれ。

＊

和恵さんはふたたび整体の仕事を始め、投資も自分の責任の範囲で再開したそうです。キルケゴール先生の助言を受け入れ、今までの失敗から目を背けることなく、そして堂々と、人と対話することを楽しみながら、一歩一歩前に進んでいます。

キルケゴール先生が伝えたいこと⑤

自分の使命を発見し、理解し、生きてみて！

Column 5

サルトルとキルケゴール

哲学書を読んでいると、生きる知恵が湧いてきます。

私は、なかでも、個人を扱う実存主義（個人の存在を問題にする哲学）に魅了され、まえがきにも書きましたように、2018年に『超解釈サルトルの教え』を上梓《じょうし》しました。

その後、哲学の学びを深めていく中で、強く惹かれたのがキルケゴールでした。

キルケゴールは実存主義の祖といわれます。

世界の名だたる哲学者、ニーチェもヤスパースもサルトルもハイデガーも、その哲学をさかのぼっていくと、キルケゴールが元になっていることがわかります。

彼の哲学のみならず、その生き方には目を見張るものがありました。

ひたすら自分の頭で考え、ホンネで生きました（生きようとしました）。「損か、得か」は考えない。忖度《そんたく》はしない。人にどう思われようが関係ない。後先を考えない。自分と他人を比べない……。

「誰が何と言おうとやり遂げる」という強い意志をもって、ホンネに従って生き、死の瞬間まで自分が信仰していた宗教（キリスト教）と対峙《たいじ》し続けました。

その生きざまは、

「人生はお前次第だよ。お前次第でどうにでもなるんだよ」

と語りかけてくるようでした。

キルケゴールの著作はストーリー仕立てで哲学を語っている本がたくさんあり、読み物としておもしろいのですが、一方で難解な本も多いです。

『死に至る病』も同様で、言葉も内容も難しいです。私はかなりの部分を自分なりの解釈で理解していきました。その真髄に近づきたいと、何度も読むうちに不思議な瞬間を体験しました。

自分が、自分の魂のずっと奥の、意識できない部分（ホンネ）にサッと触れた感触を得たのです。言葉に言い表せない感動で、これまで読んだ哲学書では経験したことのないものでした。大きな勇気と自信をもらえました。

サルトルは多くの人と会って対話をしました。一方、キルケゴールは、多くの著作を残しました。自分自身との対話を大切にした哲学者だったのです。

私のもとへ学びにきた人に、キルケゴールの本から得た教えを伝えると、「本当にやるべきことがわかった」「心のもやもやから解放された」「新たな自分を発見できた」「自分の欠点も好きになることができた」と言います。

Chapter 6

有限性の絶望②

冒険をしない場合には、そのときこそ、
冒険をすればどれほど多くのものを
失うにしてもそれだけではほとんど
失うことがないはずのものを、
どんなことがあってもけっして
失うはずのないものを、おそろしいほど
やすやすと失いかねないのである

（『死にいたる病　現代の批判』キルケゴール著、桝田啓三郎訳、中央公論新社）

俊夫《としお》さんのケース

俊夫さん（29歳）は会社員。独身。
思い切って彼女にプロポーズしたが……。

いつの間にか彼女の心は離れていた

ようこそ。若い方ですね。失礼ですが、おいくつ？

29歳です。

20代、30代の若い人の中には、困っていても、困っていないふりをしている人がいる。絶望していても、絶望していないふりをしている。絶望していることを自覚して、

自分で解決できないなら、誰かに相談することが大事。それが今を生きることにつながるから。絶望している若い人が来てくれると、ほっとします。で、どうしました?

実は昨日、彼女と別れたばかりなんです……。

どうぞ、話してみて。

3年間付き合ってました。といっても遠距離だったから、月に1回会えるかどうかで、あとはSNSで連絡を取り合う感じ。ずっとこのまま、時間だけが過ぎていくのはよくないと思っていました。

年齢も、ぼくが29歳で彼女は31歳。世間的に見ると、年も年だし、そろそろ結婚を考えてもいいかなと思い、先週会ったときに話したんです。「結婚しよう。すぐに返事しなくてもいいから、考えてみてくれる?」って。

そしたら、昨日電話がかかってきて、「今は仕事が面白くて、結婚は考えられない。将来に対するお互いの考えが違う方向を向いてる気がする。いい機会だから、別れましょう」と切り出されて……。

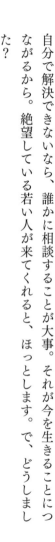

彼女の言葉をすんなり受け入れたのですか？

受け入れるも何も、相手がそう言うなら仕方ありません。

どう思ったのでしょう？

ショックでした。

フラれたから？

それもあります。でも、それ以前のことかな。ふつう付き合っている人から「結婚しよう」ってプロポーズされたら喜ぶものですよね。だから、実は期待していたんです。テレビドラマや映画みたいに、感動して泣いちゃうかもって。でも、彼女は違った。すごく困った顔をしたんです。それがショックでした。

彼女の心が離れていたことに気づかなかったのですか？

気づきませんでした。フラれてみると、「そういえば」って思いあたることがありました。毎日連絡を取り合うほどラブラブだったわけじゃないし、離れているからって寂しい気持ちもなかった。付き合っているようで、実はそうじゃなかったのかもしれません。

断られてはじめて、そのことに気づいた？

いつもベタベタするような関係だけが、恋人同士や夫婦じゃないと思っていましたから。

相手の言葉をそのまま受け入れるのは思考が停止している証拠

あなたのご両親はベタベタしない？

ドライな感じですね。公務員だった父が定年退職してからは、前にも増して会話が少なくなった気がします。でも、夫婦ってそういうものでしょう？

そういうものって？

ある程度、距離を保ちながら、一緒に生きていく関係。

ほんとうに？

少なくともぼくはそういうものだと思っていました。

はっきり言っていいですか？

は、はい。

あなた、思考が停止している。

思考停止？

目の前に差し出されたものに、疑問をもたない。彼女から別れ話を切り出されても、「そうなんだ」と納得する。夫婦の距離感も自分の親を見て、「夫婦とはそういうもの」と思いこんでいる。

楽ですよ。考えずに済みますから。自分が「何も考えていない」ことにさえ、気づいていない。ずっとそうだったのに、「考えながら生きてきた」と思っている。

心外です！

感情的にならないで。あなたを責めているわけではありません。「親が決めたレールの上を何の疑いもなくそのまま歩いてきた人」「周囲の目を気にして周りの人と同じであることを大事にしてきた人」に、多く見られる特徴です。

いい大学を出て、いい会社に入れば、人生は安泰だと思っている。違う？

否定はしませんけど……。ぼくにケンカを売っているんですか⁉

まさか。あなたが悪いとは思いません。もし、どうしても犯人探しをするとすれば、社会、あるいは教育が悪い、ということになります。あなたのご両親にも責任はある。息子が疑問をもたないように育ててしまった。まあ、あなたにも多少の責任はある。

「理想とする自分」ではないと自分に絶望する

ぼくはとにかく絶望しているんです。

何に絶望しているのですか？

恋人と別れたら、ふつう誰だって絶望するでしょう？　彼女と結婚して幸せになりたいという、未来への希望もなくなったわけですから。

「恋人と別れたこと」に対する絶望、「未来への希望がなくなったこと」に対する絶望は、本来の絶望ではありません。あなたは自己に、言葉を換えていえば、自分自身に絶望しているのです。

ぼく自身に？

あなたは、今の自己から脱出して、違う自己で在りたいと考えている。つまり、こういうこと。

A　今の自己▼彼女と別れたひとりぼっちの自分。
B　違う自己▼彼女と結婚した幸せな自分。

あなたは、ほんとうはBの「違う自己」で在りたい。けれど実際は、Aの自己で在る。そして、Aで在ることから抜け出そうとするけれど、どうあがいても抜け出せない。Aで在り続けることを強いられ、自分がそう在りたいと思うBになれない

ことに苦悩しているのです。
　もっと簡単にいえば、理想とする自分ではない自分自身に絶望している。

理想とする自分？

そう。しかも、始末に負えないのは、その「理想」が、あなた自身が考えた理想ではない、ということ。親や世間が考えた「理想」を自分が考えた理想だと思いこんでいるのです。その意味で、あなたは「有限性の絶望」（55ページ参照）に陥っていると言っていい。

有限性の絶望？

そう。親が敷いてくれたレールに乗って、きちんといい学校に行けば、いい会社に就職できると思っている。いい会社に就職すれば、いい結婚ができると思っている。いい結婚ができれば、幸せな終着駅にたどり着いて、ハッピーエンドが待っている、と思っている。違いますか？

……。

あなたはただ概念の中で生きているにすぎません。個人として生きていない。周囲の人の顔色をうかがって、周囲の人の意見に従って、ただ生きている。そうやって生きている限り、「ほんとうの自分」にはなれません。

絶望は人間にだけ与えられた「病」

そもそも、あなたは周囲の人の声に耳を傾けすぎることに慣れてしまった。周りと同じであることが、何よりの美徳と勘違いしてしまった。だから、概念の中だけで生きることになってしまったのです。

ぼくはどうしたら、「ほんとうの自分」になれますか？

ヒントをあげましょう。あなたがどうすればいいか、その答えを知っている人が

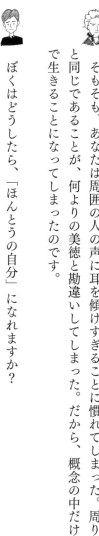

います。その人が誰なのか、教えることはできます。

誰ですか？

あなた自身です。自分に聞いてみるんです。「ぼくはどうしたらいいんだろう？」と。悩んだり迷ったりしたとき、「誰か」にアドバイスを求めるのは決して悪いことではありません。しかし、**「最初の誰か」は常に自分自身であるべき**です。大いに悩み、大いに苦しみ、ときには絶望もしてみる。

絶望するのはもうまっぴらごめんです。

絶望は人間にだけに与えられた「病《やまい》」です。動物は絶望しません。絶望は人間の証です。決して悪いものではありません。

苦悩し、**絶望を味わいつくす**。その先に、あなたの成長があります。

絶望を味わいつくす？

絶望に絶望して目をつぶらないで。絶望を深く見つめてください。その先に未来があります。自分に聞いてください。どんな未来が欲しいのか、と。想像してください。あなた自身が求める未来を。

どんな未来が欲しいのか……。新しい彼女をつくる、とか？

いいですね！　失敗を恐れないで、あなた自身の未来に向かってください。もっと冒険してみて。

最後にあなたに、次の言葉を贈りましょう。

世間の目から見ると、冒険をおかすことは危険なことである、それはなぜであろうか？　冒険すると失うことがあるからである。そこで、冒険をしないのが賢明なことになる。けれども、冒険をしない場合には、そのときこそ、冒険をすればどれほど多くのものを失うにしてもそれだけではほとんど失うことがないはずのものを、どんなことがあってもけっして失うはずのないものを、恐ろしいほどやすやすと失いかねないのである。つまり、自己自身を、

それがまるで無ででもあるかのように、しごく容易に、まるっきり失ってしまいかねないのである。

（前掲『死にいたる病　現代の批判』）

＊

その後の俊夫さんは、絶望を味わいつくした結果、半年後に彼女ができました。今は結婚を見据《みす》えた交際をしているそうです。

結婚後は仕事も家庭も両立できるよう、自分という個人を自分で創作し、芯《しん》ある自分らしさを探求中。

キルケゴール先生が伝えたいこと⑥

絶望を味わいつくして！

Column 6

コルサール事件……世間からの誹謗《ひぼう》中傷《ちゅうしょう》にたったひとりで立ち向かう

1838年に父ミカエルを亡くし、41年に恋人レギーネとの婚約を解消したあと、キルケゴールは本格的な執筆活動に入ります。

この時期には次のような代表的著作を立て続けに出版します。

・1843年（30歳）『あれか、これか』『おそれとおののき』『反復』
・1844年（31歳）『哲学的断片』『不安の概念』
・1845年（32歳）『人生行路の諸段階』

ミカエルの告白（46ページ）によって、自分も34歳までは生きられないと考え、残された人生の中で少しでも多くの著作を残そうと考えたのかもしれません。著作家として書くべき作品を出しきり、早く地方の教会の牧師として生きる道にシフトしようという考えもあったのでしょう。

そのような中、ある事件がキルケゴールに襲いかかります。有名な「コルサール事件」です。

風刺新聞の記事が発端《ほったん》となり町中の笑いものになる

事の発端は、1845年12月に『人生行路の諸段階』に対する批判的な批評が、雑誌「大地」に載ったことです。

書いたのは、キルケゴールの学生時代の友人メラーでした。

メラーはコペンハーゲン大学の教授の椅子を狙う一方で、発行部数の多い社会風刺の週刊誌「コルサール」にゴーストライターとして関わっていました。「コルサール」は、有名人をこきおろす決して上品とはいえない媒体でした。

キルケゴールは雑誌「祖国」に反論を掲載し、メラーが「コルサール」に関与していることを暴露。これによって、メラーは大学での地位をあきらめざるをえなくなりました。「コルサール」を主宰していたゴールスメットは、キルケゴールと和解しようとしましたが、キルケゴールはこれを受け入れませんでした。

その意趣返しとして、「コルサール」はキルケゴールを標的に、彼が散歩する様子を揶揄《やゆ》する漫画と彼を罵倒《ばとう》する記事を載せるようになりました。その掲載は1846年7月まで続きました。

「コルサール」の影響は大きく、キルケゴールが町を歩けば、子どもたちから「『あれか、これか』がやってくる」と囃《はや》し立てられる始末。町中の笑いものになったキルケゴールでしたが、彼の味方をする人はいませんでした。

本来の自己を取り戻すことの大切さに目を向ける

コルサール事件によって、キルケゴールは、友人メラーが大学教授の座をあきらめたように、牧師の道を断念するところまで追い込まれました。

このときキルケゴールが目《ま》の当たりにしたのは、大衆の無責任さと暴力性でした。周りに迎合し、真実を見ようとしないまま、牙を剝《む》いて襲いかかってくる大勢の人々。

全世界がキルケゴールを中心に回転することを表した、「コルサール」の風刺画

しかし、キルケゴールはこうした状況から決して目を背けることなく、むしろ学びの機会と捉えました。

１８４７年１月の日記には次のように書いています。

「あらゆる劣悪な攻撃が私を襲ったことについて、神をほめたたえよ。隠遁《いんとん》と忘却の中で、悔悛《かいしゅん》するために牧師館で暮らしたいなどとは、憂愁の思いにすぎなかったことを、力をこめて学び知るにふさわしい機会を得た。私はいまや、これまでとは違った決意をもって、馳せ場《はば》に立っているのだ」

（出典『死にいたる病、現代の批判』キルケゴール著、桝田啓三郎訳、中公クラシックス）。

キルケゴールは以降、大衆としてではなく、平均化されない「単独者」として本来の自己を自分に取り戻すことの大切さに目を向けます。そして、一人ひとりが自分で決断し、責任をもって自分の生き方を大切にし、自覚的に生きること（＝実存）こそが、人間本来の在り方だと考えます。

コルサール事件のあと、１８４６年には『現代の批判』を出版し、現代を、個性を失った人の集団として批判しました。世間から誹謗中傷された体験の中に、社会の病理をみつけ、書物に著すことで、堂々と社会に問いかけたのです。

Chapter 7

可能性の絶望②

不安が
多ければ多いほど、
感性も
それだけ多大なのである。

（『新訳　不安の概念』セーレン・キルケゴール著、村上恭一訳、平凡社）

章《しょう》太《た》さんのケース

章太さん（38歳）は営業部の課長。家族4人暮らしで、小学生の息子が2人いる。最近、仕事がうまくいかず、降格の危機に……。

個としての自分を主軸にした会話をする

仕事の成果が上がりません。営業職で部下もいます。彼らの分も含めて、課の売り上げを何とかしないと降格決定です。次の人事異動が3か月後に迫っているというのに。

あなたは中間管理職なのですね。で、降格したらどうなるのですか？

給料が下がって、今の生活が成り立たなくなります。まだ子どもも小さいというのに。

だから何？

えっ⁉

問題を具体的に定義してみて。何を求めてここに来たのか教えてください。

さっき言ったつもりでしたけど。とにかく降格の事態だけは避けたいんです。

あなたは今の状態について事実を言っているようにもとれるけれど、すべては外枠の概念。実際何に困り、何に対応できていないのかが、わかりません。

外枠の概念？

自分を安全なところに置いておきたいから、外枠、周囲のことだけしか話してい

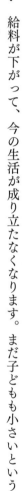

ない、ということです。具体的に言わないことで、自分に直接火の粉が降りかからないように話している。あなたは「私はこう思う」とは言わない。

「降格になり、そうなったら給料が下がり、生活が成り立ちません」と言うけど、「降格」ってどういうこと？　課長から係長になるのですか？　それとも平社員になるのですか？　今の生活が成り立たないって、具体的に何がどう成り立たないのですか？　**聞いている人が、具体的にイメージできるように話すことが大切**ですよ。

そういえば、妻によく「あなたは何を言いたいのかわからない」って言われます。

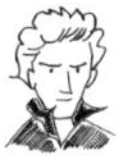
奥さんにそう言われるということは、自分でも何が言いたいのかがわかっていない、ということです。

つまり、自分の問題がわかっていないと？

そういうこと。

それがわかったら、解決できると？

おそらく。

何がぼくの問題なのでしょうか？

「自分の問題がわからないこと」が問題なのでは？

そうですね。今、自分にわかっているのは、自分だけが焦っていて、部下には危機感がないことです。４人の部下にはみな個別の売り上げ目標があるんですが、誰も達成できていません。

あなたも？

いいえ、ぼくはマネジメントが仕事ですから、個別の目標はありません。これまで個別の目標を達成してきたから、管理職の地位に就くことができました。現場で営業をやれと言われれば、今すぐにでも達成できると思います。でも、部下はできない。これが悩みかもしれません。

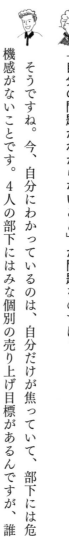

せっかくお越しいただいたのに悪いけど、お引き取りください。私は実存主義者です。「個としての自分を主軸にして、会話をしない人」の話は聞かないことにしています。

えっ⁉ 「個としての自分を主軸にした会話」ってどういうことですか？

自分を知り考えなさい

「私は」から始めるのが、「個としての自分を主軸にした会話」です。「部下が」「○○が」というように、自分以外の主語で話す人は、どこまで行っても推測の話ばかりなので、現実を扱うことができません。実存（人間の現実存在）を扱う私には、お手上げです。

「個としての自分を主軸」にしていない人は、問題の原因について「自分の外にある」「私は悪くない」などと、ほかのことやもの、他人のせいにしてばかりです。

私はそういう人の相談には乗れません。

わかったような、わからないような……。

人間は自分に困っていることがあるから絶望する。絶望するから、そこからどう抜け出すか、探求し、探索する。生きる可能性がある（＝生きられる）。絶望している人（＝自分に困っていることがある人）に、生きる可能性のヒントを示すのが私の役割です。あなたは部下という他人に困っている。自分に困っていない人は、私としては扱えません。

絶望したらいいんですか？

違います。「自分を知り、考えろ」と言っているのです。

自分を知る？　考える？

自分の言葉で、自分のことを考える。部下のことではありません。

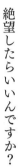

世の中
自分
他人

何を考えればいいんでしょうか？

自分を見つめて考えるんです。

って言われてもなー……。

OK。何を考えていいのかわからないのであれば、次の言葉をあなたに贈りましょう。きっと良いヒントになります。

「自己とは自分自身に関係するところの関係である。すなわち関係するということには、関係が自分自身に関係するものになることが含まれている。――それで自己とは単なる関係ではなしに、関係が自己自身に関係するというそのことである」

「それは自己自身に関係するとともにかかる自己自身への関係において同様に他者に対して関係するところの関係である」

（前掲『死に至る病』）

余計わからなくなりました。どこがヒントなんですか。

あなたにもわかるように説明しましょう。

「自己」は自分で設定している自分です。

「他人」は自分で設定している他人です。

「世の中」は自分で設定している世の中です。

「あなたが他人と関係する」とき、その他人とはあなたと離れたところに存在する他人ではありません。あなたは、あなたの中の他人と関係して（関わって）います。

「あなたが世の中と関係する」とき、その世の中はあなたから離れたところに存在する世の中ではありません。あなたは、「あなたの中の世の中」と関係して（関わって）います。


つまり、**あなたが設定した他人しか世の中には現れてこないし、あなたが設定した世の中しか現れてこない**、ということです。

すべては、あなたの中で解釈しているにすぎない、と言ってもいいでしょう。

ぼくに関わっている他人は「ぼくが設定している他人」なのですか？

そうです。「Aさんはイヤなやつだ」と言ったとき、Aさん本人がイヤなやつとして存在しているのではなく、あなたの解釈として、「Aさんはイヤなやつ」になっているだけ。あなたがAさんをイヤなやつと見ているだけです。

世の中も？

もちろん同じです。あなたの目の前に現れてくる世の中が、さも真実のごとく映り、あなたは疑おうともしません。

あなたは、「チームとしての営業成績が上がっていない。だから、自分は降格する」という、自分の解釈の世界にいました。「部下が悪い」「会社がわかってくれない」という否定的な概念を、さも真実であるかのように思いこんで、私のところに相談にみえたわけですね。

……。

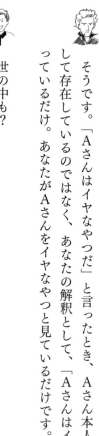

「世の中、景気が悪い」「どんなに頑張っても会社は自分を認めてくれない」「自分は頑張っているけど、部下は頑張らない」「部下は仕事ができない」……。あなたの世界からは、そんなふうに見え続けるだけです。どこまでいっても絶望です。

たしかに、今の自分に嫌気がさしています。まったく絶望しています。どうすれば、ぼくの世界を変えられますか？

自分と話すことです。**他人や世の中とどう関わるかは、自分との会話しだいです。**

自分とどう話せばいいのでしょうか？

自分で考えて。

……。

OK。そんなにしょんぼりしないで。特別にお話ししましょう。

もし、私があなただったら、

「世の中はやっていいことであふれている」

「会社が自分を否定的に見るのは、自分が何かを見落としているからだ」

「自分は部下の能力を発揮させていない。どうすればいいか彼らに聞いてみよう」

「部下と可能性の会話をしてみよう」

「部下の一人ひとりと対話したら解決できるかも」

などと自分と会話します。これはほんの一例です。自分で考え、自分を知り、自分と会話をしていくことが大切なんです。

「人とどう関係してきたか」を考える

自分を知るには、あなたが今まで人とどう関係してきたかを考えることです。

「人とどう関係してきたか」ですか……。誰との関係ですか？

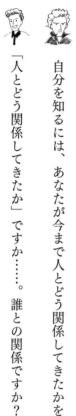

たとえば、ご両親、奥様、子ども、友人、上司、同僚、部下などなどです。どう関係してきましたか？　そこにあなたが存在しています。

たくさんいますね。

誰でもいいので、ひとりの人との関係を見ていきましょう。誰がいいですか？

亡くなった父にします。

なぜですか？

ずっと父を蔑《さげす》んできたからです。

どういうことですか？

父は吃音《きつおん》があって、人とスムーズに会話をすることができませんでした。ぼくは、そんな父のことをずっと恥ずかしく思いながら生きてきたんです。親不孝な息子で

した。

その意識があるんですね。

はい。だから父が真っ先に浮かんできたんだと思います。

意識できたことは大事なことです。

考えてみると、ずっと父のことが頭にあったから営業という仕事を選んだ気がします。実はぼく自身、人と話すのは苦手でした。でも、営業は人と話す仕事だから、イヤでもやっているうちに、会話がうまくなるだろうと思ったんです。

自分という存在にも、他人という存在にも、深く関係してこなかったから絶望している

実際、トークの技術を磨くために人一倍努力もしました。話し方のセミナーに通ったこともあります。おかげでお客さんの心をつかむことができて、契約もたくさん取れました。管理職に昇進したのも同期で一番乗りです。

苦手を克服できたわけですね。

はい。自分ではそのつもりです。

あなたは、お父様にきちんと向き合って話したことはあったのですか？

いいえ。1年に1回は孫の顔を見せに帰省していましたが、話す相手は母親ばかりでした。

部下に営業トークの見本を示すことはある？

ええ。でもオフィスで通り一遍の指導をすることが多いですね。ぼくの営業に同行させることはありません。実は「課長なのに話がうまくないな」とか、妻のように「何を言いたいのかわからない」と思われるのが怖くて……。山本五十六《やまもといそろく》じゃないですが、ほんとうは現場で「やってみせ、言って聞かせて、させてみせ……」をやると、部下も伸びると思うんですが。

要するに、部下の前でボロを出すのが怖くて逃げていたわけですね。あなたは自分の中にある「弱さ」にきちんと向き合わず、それを覆《おお》い隠して部下に接してきた。つまり、あなたは、自分という存在にも、他人という存在にも、深く関係してこなかったんです。

おっしゃる通りかもしれません……。

可能性の絶望から抜け出すには自分と関わる

「自分と深く関係する」、つまり、自分をじっくりと深く見つめ、弱さがあれば、それをさらけ出すことです。「できない」ことを「できない」と認めて、さらけ出

すには勇気がいります。それだけに、自分の弱さを出せるのは強い人です。

でも、多くの人は、自分のことを大きく見せようとしたり、よく思われようとしたりして、自分を深く見つめようとしない。結果として弱さをさらけ出さない。つまり、自分と深く関係していないということです。自分と関わりたくない人は、他人とも深く関わろうとしません。

まさに、ぼくがそうです。

あなたは部下に深く関わろうとしていない。管理職はチームをまとめるためにも、営業の技術以上に、人間関係が重要になっていきます。人に深く関わらなければ、チームとしての成果が出ないのは当然です。

でも、ぼくは管理職になる前は、営業成績がトップだったんです。ぼくは管理職には向いてないかも。ダメ課長です。やはり降格を受け入れて、いち営業マンに戻ったほうがいいでしょうか。

自分をダメと思うのは金輪際《こんりんざい》やめたほうがいい。何も生み出さないから。それに、

事実あなたは「ダメな人間」なんかじゃない。「ダメな人間」は、あなたがつくり出している幻想にすぎません。たった今、この瞬間から変わることは可能です。

だったら、いっそのこと他社に転職しようかな。もっと自分の実力を発揮できるはずです。

どうやら問題の本質を取り違えているようですね。転職云々《うんぬん》はひとまず置いといて、あなたが今、自分のことをダメだと感じているのは、絶望の中にいるからです。「転職すれば、もっと力を発揮できる」といった可能性のほうに目を向けて、現在の自分自身から目を背ける絶望。つまり、「可能性の絶望」（86ページ参照）です。

その絶望から抜け出すには、さっきも言ったように、自分と深く関わることです。そうすることで、自分の弱さと向き合い、さらけ出し、**自分の目に見えている世界は、ほんの一面にすぎない**と知ることです。

傷ついた感情を十分に味わう

そして、自分が今置かれている状況を受け入れ、自分が進みたい方向に意識を向け、一歩ずつ丁寧に進んでみてください。

ありがとうございます。ちょっとだけですが、自信が戻ってきました。早速、ぼく自身の営業に部下を同行させることにします。話が案外下手だとか思われても気にしない。弱さも含めて全部さらけ出す。その過程で、部下が自分の営業スタイルを確立してくれたら、それでよしとします。

あなたはこれまでは自分の成功だけを追い求めてきたけれど、これからは、他人のことにももっと目を向けたほうがいいですね。

もっと部下のことを思いやる。部下にはカッコ悪いと思われても、弱い自分を正直にさらけ出す。やることはそれだけ。そうすれば、あなたは次のステージに行けます。必ずね。

次のステージって何ですか？　まさか部長に昇進ですか？　課長職だけでも荷が重いのに、どう考えても無理です！

やる前からそんなことを考えても意味がありません。あなたは今まで傷つくのを恐れ、やりたくないことはやらないできた。でも、やってみてください。その結果、傷つくことがあっても、その感情を十分に味わってください。

傷ついた感情を十分に味わう？

不安が多ければ多いほど、感性もそれだけ多大なのである。感性が増加すれば（増加することによって）不安もまた増加する

（前掲『新訳　不安の概念』）

この言葉にあるように、人や自分に深く関わるには、感性を養うことが大切です。感性を養うには感情を味わうことが必要なんです。そのときに不安の感情もちゃん

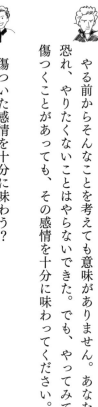

と味わってください。それによって、人とも自分とも深く関わることができ、成果が出てくるまでの忍耐力もつくと思います。

短所はときに長所にもなり、長所はときに短所にもなる

すみません……。また父の話をしてもいいですか？

もちろん！　話したいことはどんどん言葉にして。

思えば、父は温厚な人でした。ぼくが子どもの頃、父が大事にしていたマグカップを食事中にふざけて割ってしまったことがあります。そのとき、父は大声で叱ったり、手をあげたりはせず、マグカップが、親友にもらったものであること、その親友は高校時代にただひとりの話し相手だったことを話してくれました。それからぼくは二度と食事中にふざけることはしませんでした。

また、父が工員として働いていた町工場の社長さんに、「あなたのお父さんの仕事は丁寧で、ミスがない」と言われたこともあります。そのときは父のことを誇らしく感じました。職場での信頼も厚かったと思います。

お父様は、話すのは苦手だったけれど、穏やかで真面目な人だったんですね。

ここで、あなたに長所と短所の話をしましょう。

人には長所と短所があります。短所はときに長所にもなるし、長所はときに短所にもなります。「気が短い」という短所は、「仕事が早い」という長所になりますし、「すぐに行動に移す」という長所は、「人のことを待ってあげられない」という短所にもなりえます。人の性格には必ず両面があるのです。

肝心なのは「どっちを見るか」です。人は短所のほうに目を向けがちですが、**相手の短所に気づいたら、その裏側の長所はどんなものかを考えてみてください。**

人の見方というのは、子どもの頃に親から受けた教育などに大きな影響を受けています。自分に深く関わる過程で、その見方が偏ったものだったら、見直す必要も出てきますね。

そうですね。ぼくもキルケゴール先生とお話をする中で、父の長所を色々と思い

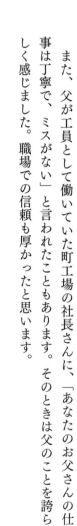

出してきました。

鏡に映った自分をしっかりと見る

そういえばぼくは、父より素晴らしい人間になろうと思って生きてきました。

なりましたか？

なっていません。

なぜそう思うのですか？

なりたい自分になっていないからです。

なりたい自分とは、どんな自分？

包容力があって強い自分です。思えば、まさに父がそうでした。

あなたには2人の息子さんがいますね。自分の息子たちにはどんな人になってほしいですか？

特にこうなってほしいという希望はありません。彼らには彼らの人生があります。元気に成長してくれたら、それに越したことはありません。

あなたのお父様も、あなたの人生をそう願っていたかもしれませんね。人間は無意識に両親から学び取ります。全部ではなく、ある一面をね。私も父から多くの影響を受けました。信心深い父の影響で神学を学んだり、それがイヤになって神学から離れたりしながら、自分の道を探しました。

私の話はさておき、あなたにもうひとつ言葉を差し上げましょう。

——まず第一に必要なことは、あなたが鏡に見とれたり、鏡を観察したりするこ——

とではなく、その鏡にうつったあなた自身を見なければならないということです。

（前掲『人生の知恵XIII　キルケゴールの言葉』）

どういう意味ですか？

「残念な自分」をきちんと承認しなさい、実際の自分を観よ！　ということです。どう生きるかは自分しだいですよ。

そうですね。

どう生きますか？

どう生きたらいいのかな。今ひとつ言えるのは、先生と話しているうちに親や家族に感謝したいという気持ちが湧いてきたことです。

それはいいですね。私も、神に帰依《きえ》する自分の生き方に感謝しています。

部下にも感謝したいです。これまで、「自分だけ仕事をしている」と思っていたことを謝りたいです。

健全な精神になってきましたね。

はい、いったいぼくは何しにここに来たんでしょう？

自分になるためでは？

自分になる？

ええ。もう十分問題は解決したようですね。

なんだろう。不思議と満足しています。希望の光が見えてきた気がします。ありがとうございました。

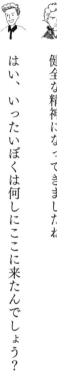

絶望は希望の光に転じる可能性が大いにありますからね。そのためには自分や人と深く関わるようにしてください。

＊

その後、章太さんは自分の営業活動に部下を同行させ、彼らの育成に真剣に取り組みました。おかげで部下は急成長し、売り上げもアップ。章太さんにも育成能力とマネジメント能力が身につきました。3か月後、課としての目標には惜しくも届かなかったものの、章太さんは恐れていた降格を免れました。

そして1年後、章太さんは円満退社し、自らの営業スキルとマネジメント能力、育成能力を武器に独立を果たしました。人のせいにしてきた人生を終わらせ、自分の力で自分らしく生きる人生を選択したのです。

家族との時間も増え、奥さん任せにしていた子育てにも積極的に関わっていると聞きます。

また、お父様の遺影に向かってこれまでの親不孝を詫び、今まで大切に育ててきてもらったことを涙を流しながら感謝したそうです。

こうして章太さんは「可能性の絶望」から抜け出すことができたのです。

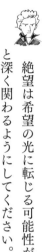

キルケゴール先生が伝えたいこと⑦

もっと自分に、人に、深く関わって！

Chapter 8

必然性の絶望②

私はいつも、
第一歩を自分自身で
踏み出さなければならない

前掲『キェルケゴールの日記』

泉《いずみ》さんのケース

泉さん（53歳）。ひとり暮らし。
会社をリストラされ、再就職活動に奔走《ほんそう》しているが……。

不安は「未来を変える可能性が生まれた」と捉える

今、わたしは暗闇の真っ只中にいます。どうすれば抜け出せるでしょう？

最近、多いんですよ、そういう人。で、どうしたの？

3年前、長年勤めてきた会社をリストラされました。再就職のために50社以上応募しましたが、面接の段階にもたどり着けません。みな書類選考でアウトです。

どうやって生活しているの？

高校を卒業してから30年以上働いてきましたので、蓄えが少々ありましたし、失業保険も支給されました。ただ、それも、もう少しで底をつきます。生活費に充てたのはもちろんですが、学びにずいぶんお金を使ってしまったのです。

学び？

今流行りのリスキリングです。カウンセリングやコーチングの資格を取るためのスクールに通いました。

資格があれば、仕事も早めに決まりそうなものだけど。

そうでもないんです。年齢がネックになっているんだと思います。同じ資格をもっているなら、企業は若い人のほうを採用したいですよね。

仕事のことだけではなく、何をやってもうまくいきません。わたしの人生はもう終わり。ゲームオーバー。これって絶望ですよね？

自分でそう思うのであれば、ね。

頭金を貯めて買ったマンションもローンがたっぷり残っていて、今はなんとか利息だけ払っている状況です。結婚もしてないし、子どももいない。この先、不安しかありません。

将来が不安でお越しになったのですね？　不安な気持ちを知っておくことは人生において大切なことです。不安について、私はこんなふうに考えています。

不安な気持ちになることがどんなことかを知っておくことこそ、誰もが通過しなければならない冒険ではないか

（前掲『新訳　不安の概念』）

動物は不安になることはありません。**抱えている不安が大きければ大きいほど、**

偉大な人です。不安な気持ちを抱いていることを恥じないでください。

そうおっしゃっても、毎日不安な気持ちに押しつぶされそうです。

ＯＫ。では、こんな言葉を紹介します。

> 不安は、可能性に先立つ（それ以前の）可能性としての自由の現実（性）なのである
>
> （前掲『新訳　不安の概念』）

不安を感じているのは、今この瞬間です。「不安なこと」の内容は、「今」ではなく、目に見えない未知の世界のことです。

つまり、**不安は「未来の可能性」に先立っており、不安は「未来の可能性は自由に選べる」ことを現実に示してくれている、**ということです。

はぁ……？

あまりピンときていないようですね。もう少し噛みくだいてお話ししましょう。
不安は未来にあるがごとく考えている人が多いと思いますが、感じているのは「今」です。だから、不安を「今を生きる」何かのサインとしてキャッチできたらいいんです。
不安をキャッチしたら、「未来を変える可能性が生まれた」と捉えて、今できることをやればいい。人は不安を感じていると、それにフタをして「感じない」ようにしようとするけど、不安を感じながら行動を起こすことが大事です。
あなたは見た目健康そうですし、しっかり考えることができる精神状態にあります。

ええ、精神状態はともかく、体だけは丈夫です。

であれば、不安を取り除くために、考え、目標を立て、それに向かって行動ができる。目標に向かって行動できれば、不安は消えていくでしょう。

絶望に気づいたら、あとは抜け出すだけ

そんな簡単に不安は消えていくものでしょうか？

あなたに、何かが起きましたか？

何か？

何か、事が起きましたか？

まったく何も起きていない、と言ったほうがいいかもしれません。朝起きて、朝食をとって、仕事を探して、昼食をとって、買い物に出かけて、夕食をとって、ため息をひとつついて寝る。文章にすれば、たった1行か2行くらい。それだけの毎日。事が起きないことに絶望していると言っていいくらいです。

あなた、ラッキーですよ、絶望していることに気づくことができて。リストラに遭《あ》ってからの3年間は、そのための時間だったと言ってもいいでしょう。決してムダな時間ではありません。**人生にムダな時間なんて1秒もない。**絶望は再スタートのきっかけになります。

> 絶望することができるということは、無限の長所である。
> （前掲『死にいたる病　現代の批判』）

絶望に気づいたなら、あとは抜け出すだけですから。考えて、知恵を絞って、這《は》い上がっていく。しかも自由な選択ができます。選択肢は無限大です。

まさか！　失礼ながら、キルケゴール先生の目は節穴ですか？　わたし、何ももっていないんです。高卒ですし、自慢できる能力もないし、貯金もない。自分でも笑っちゃうくらいナイナイづくし。選べる選択肢は限られています。自由な選択なんて、とてもできません。

あなた自身が「ナイナイづくし」と思っているわけですね。自分で自分をナイナイづくしの枠にはめている。私の目に映るあなたは違います。健康な体がある。ローンが残っているにしても、住む家がある。私を訪ねる小さな勇気もあった。「何でもある」ように見えます。

まあいいでしょう、今は、あなたの話を聞きましょう。

「もう、このままでいいや」と思ってしまうのも絶望

学歴も能力も何もないわたしのささやかな夢は、平々凡々に暮らして、定年まで会社勤めをして、65歳からは年金で好きなように生きることでした。50歳でその夢が絶たれたんです。

慌てて資格を取りましたが、資格があるからって就職できるわけじゃない。お金と時間を費やしたのに、何にも活かせず、宝の持ち腐れです。こんなわたしに何が選択できるというんですか？　どうせわたしなんか何をやってもダメなんですよ！

そうムキにならないで。過去は過去。今のあなたとは関係ありません。あなたは、完全に目の前の現実に埋もれていますね。自分はナイナイづくしと決めつけて、無意識に今の状態にしがみつこうとしている。絶望のタイプでいえば、あなたは「必然性の絶望」（119ページ参照）です。

必然性の絶望？

そうです。つまり、**「今在る自己」を全面的に受け入れて、「在るべき自分」を失っている状態。**もって生まれた容姿や環境などにとらわれ、在るべき自分を失っている絶望。「自分はどう頑張っても何も変わらないから、このままでいいや」という思考に陥りがちな人は、必然性の絶望に陥っているといえます。

わたしが「在るべき自己を失っている」というのですか？

そうです。あなたは、小さな枠の中で生きようとしすぎている。あなたの理想は何？　在るべき自分はどんな自分？　私から言わせれば、あなたには何も問題があ

りません。今ある現実だけを見るのではなくて、もっと自分の内側に目を向けて、自分の在り方をどうするのか、どういう生き方をするのか、自分で決めてください。

……。

まだ、ピンときていませんね。では、あなたにこの言葉を差し上げましょう。

人間はなんといっても不合理だ。人間は自分のもっている自由は決して行使しないで、自分のもっていない自由を要求する。

（前掲『人生の知恵XIII　キルケゴールの言葉』）

つまり、自分の都合で言い分を変え、責任を取らない生き方をしているということ。自分自身を深化させない代わりに、自分の外に何か自由があるように追い求めているんです。

あなたは自由を手に入れたくて自由になりました。ところが、「自由な人生を生きている」と自分で認めず、他の自由があるはずだと思い込み、それが手に入らないと嘆いている。

わたしが自由を手に入れている？

はい。リストラに遭ったにせよ、結果的に会社を退職したことで自由を手に入れ、その自由な時間を使って資格を取るための勉強ができた。おまけに、思索の自由を乱用している。

思索の自由を乱用している？　頭が混乱してきました……。

自由は責任を伴う

あなたは会社を辞めたことについて、「リストラ」という都合のよい解釈をしている。ほんとうは何が起きて会社を辞めることになったのか、考えていない。つま

り、責任のある生き方をしていません。責任も取らずに自由に生きている。掟《おきて》破りの生き方です。

でも会社の都合でリストラされたのは事実です。

あなたの人生に関わるすべては、あなたに責任があります。あらゆるものごとを自分に寄せて考えてみてください。人のせいにしていたら、いつまでも、解決策を考えようとしないし、力も湧いてこない。

ここで人生において大切なことを伝えます。

自分の生を引き受けることが「責任」です。「責任」を引き受ければこそ、自由に生きることもできます。あなたは、責任を放棄し、自由だけを享受しています。

会社に何年も雇ってもらい、そこで得た給料で生活をし、マンションまで手に入れた。あなたはその会社を選んで就職したのかもしれませんが、そんなあなたを会社が選んでくれない限り入社はできません。いわば、個として優遇されてきた。その会社で働いている間は、いいこともあれば、そうでないこともあったでしょう。

しかし、そこにひとつの終わりが来た。

それらすべてを受け入れることが責任の始まりです。**自分の身に起きていること**

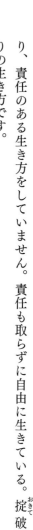

をすべて受け入れる（＝責任を取る）。ここから、将来の不安が可能性に変わります。

ますますわかりません。

わかろうとしてみて。この3年間、あなたは、「自分は悪くないのにリストラされ、再就職できずに、ひどい目に遭っている。まったく私の人生は不幸の連続だわ」とため息ばかりの毎日を送ってきた。「学歴もない。能力もない。マンションはまだローンが残っている」と自分勝手に自分を規定している。

私にしてみれば、こうした言葉は、「自分とのどうでもいい会話」「自分の人生に対する無責任な会話」に聞こえます。

自分勝手な設定なのに、「起こるべくして起きた」「必然的に起きた」と捉えて、仕方がないとあきらめている。在るべき自分（＝なりたい自分、理想の自分）から目を背けています。

手を伸ばせば美味しい料理にありつけるのに、「どうせ届かないから」と手を伸ばす前からあきらめている。それでは、何も変わりません。何ひとつね。

自分が決めれば、人生は決まる

わたしはいったいどうすればいいのでしょう?

今この瞬間から、自分の人生を自分自身で創作すればいいんです。何でも可能だし、自分の人生に責任を取るのであれば、あなたは自由です。

何でも可能?

はい。あなたはどうなりたいですか?

……。

自分で考えて。

考えることに慣れてなくて……。

これまで自分の人生を真剣に考えてこなかったから？

はい。自分で決めてきたことはほとんどありません。実は長年勤めた会社も、高校の先生が推薦してくれたところでした。高校を卒業するときに、周りの空気に流されて自分も進学しようと思ったのですが、志望する大学に入れなかった。だから先生のお世話になったんです。その会社も自分の意思ではなく、リストラというかたちで退職した。自分で決めたわけではありません。そんなわたしに自由とか選択とか言われても無理なんです。

でも、私のところに来たのは自分の考えなんでしょう？

はい。それだけは自信をもって言えます（笑）。

それは正しい選択。そこから、あなたは自分で自分の人生を歩き始めることができる。考えるお手伝いをしましょう。さあ、あなたは何でもできます。自分で考え

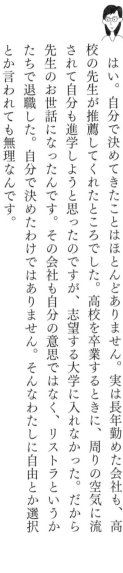

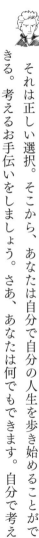

るわけですからね。何をしますか？

やはり再就職したいですね。

たしかにそれもありますね。ほかには？

何だろう……？　できるかどうかわからないけれど、一度、独立して、自分でビジネスを立ち上げてみたいと思っていました。でも無理かな……。

いいじゃないですか。思いついたのだから、やれます。

ほんとうに？

ほんとうです。何でもやれます。

やってみようかな。

どうぞ。あなたが決めれば、人生が決まってくる。

じゃあ、会社勤めはもうやめて、せっかくカウンセリングやコーチングの資格を取得したのだから、それらを活かして、自分で会社をつくってみます。

はじめて自分で決断して、宣言しましたね。私からは、もう何も言うことはありません。

えっ、終わりですか？　もっと何か言ってください。具体的には何も決まっていないじゃないですか？

では、もう一つだけ言葉を差し上げます。

神は私に、私が何をなすべきか、直接おっしゃることはない。私は最善の思慮のすえにもっとも正しいと思われることを行い、謙虚になって、自分の決意や計画、また自分の行動を、神の手に委ねるのだ。

（前掲『キェルケゴールの日記』）

ど、どういう意味ですか？

今はまだ何も状況は変わっていません。でも、あなたは「会社を立ち上げる」と宣言した。**宣言は大きな一歩**です。自分の環境を変えようと決め、それを具体的な言葉にしたわけですから。

自分の言葉に、自分が力づけられた。あなたは今、宣言し、歩み始めました。今日から世界が違って見えるでしょう。なぜなら、ナイナイづくしの考えに支配されていた世界から、行動と情熱が湧いている世界に進み始めたからです。

そう言われると、ここに来る前の自分とは違う自分になった気がします。もしかしたら、カウンセリングやコーチングの資格と、30年以上会社勤めをする中で培《つちか》ってきたスキルを活かせれば、人様のお役にも立てるかも。

いい感じです。大事なことは最初の小さな一歩。具体的に何をするかを決めてか

ら、行動に移していってください。

さしあたり、何をすればいいでしょう？

ヒントとしては、**絶妙な目標設定**。高すぎず低すぎず、ちょっと無理して頑張ればば達成できるような目標をつくることです。

そして、自分が決めた目標を達成するには、そのためにやるべきことを一つひとつ着実にこなしていくことがもちろん大事です。

日々の行動としては、どんなことをすればいいですか。

生活のこと、仕事のこと、親のこと、自分のなりたい姿などについて、ヴィジョンを描き続けることを習慣にしてください。日記に書いてもいいし、友人にシェアしてもいいし、SNSに毎日記事としてアップするのもいいでしょう。やり続ける中で、自分を取り戻します。

わかりました。ありがとうございました。

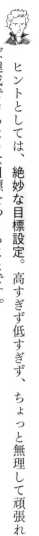

＊

泉さんは、宣言通り会社を立ち上げました。自分を救ってくれたキルケゴールの実存哲学を、悩める人たちに役立ててもらうための会社です。悩みを解決に導く上で、失業中に身につけたカウンセリングやコーチングの技術がとても役に立っているそうです。

キルケゴール先生が伝えたいこと⑧

自分の人生にもっと責任をもって！

付録

絶望のレベル別対処法

キルケゴールは、著書『死にいたる病』において、絶望をさまざまな角度から分類・分析し、考察しています。主な分類は次の2つです。

- **絶望の諸形態** ≫ 自己の絶望と関係が深い4つの項目による分類。4つの項目とは、「無限性」「有限性」「可能性」「必然性」を指す。
- **絶望のレベル** ≫ 自分で「絶望を意識している」か「意識していないか」によって、絶望の強さのレベルを分類。

本編で、すでに「絶望の諸形態」やその対処法については説明してきました。ここでは、絶望のレベルとその対処法についてまとめます。

絶望のレベルとその対処法

本書でも触れてきたように、「自分が絶望している」と気づくこと、意識できていることは、決して悪いことではありません。意識できると、乗り越えられる可能性があるからです。絶望が深いほど、深い人生を生きられる可能性があります。

むしろ、注意すべきは「自分が絶望している」と気づいていない場合です。何も考えていないことになるので、進歩の可能性が少なくなります。

絶望のレベルの特徴

レベル1 ≫ 自分が絶望であることを知らない絶望：レベルの低い絶望
テンションが高いときはこの状態が多い。何も考えていない。

レベル2 ≫ 自分が絶望していることを自覚している絶望：絶望の強弱によって2つに分けられ、さらにそれぞれ2タイプに分けられる

①「**弱さの絶望**」
a **現実逃避タイプ**（快楽や幸運に見放された状態と思い込んでいる）
b **腹立ちタイプ**（自分の弱さにムカついている）

②「**強さの絶望**」
a **傲慢タイプ**（世の中が理解してくれないのは自分のレベルが高いからだと思っている）
b **悲しみタイプ**（人の意見を聞かず、内側に閉じこもって堂々巡りしている）

※キルケゴールは、さらに「罪としての絶望」を取り上げていますが、宗教的な色合いが濃いため、本書では割愛します。

あなたの絶望レベルはどれ？

次の5つのうち、自分の考えに合うものをひとつだけ選んでください

❶私は絶望していない。

❷私は絶望している。自分は運が悪いと思う。

❸私は絶望している。自分は傷つきやすいダメな人間だと思う。自分にイライラする。

❹私は絶望している。世の中の人は私を理解していない。社会が私についてきていない。

❺私は絶望している。私のことは放っておいてほしい。どうせ私の人生はどうにもならない。

あなたの絶望レベルはコレ！

❶を選んだ人 ≫ レベル1

❷を選んだ人 ≫ レベル2 弱さの絶望 a 現実逃避タイプ

❸を選んだ人 ≫ レベル2 弱さの絶望 b 腹立ちタイプ

❹を選んだ人 ≫ レベル2 強さの絶望 a 傲慢《ごうまん》タイプ

❺を選んだ人 ≫ レベル2 強さの絶望 b 悲しみタイプ

☑絶望レベル別対処方法はコレ！

それぞれのレベルやタイプごとの対処法は次の通りです。

レベル1の対処法

自己を自覚すること。そのためには他人のふるまいに関して嫌だと思うことについて、それが自分の投影であることを知ることから始めましょう。

人間は自分が観えないので、「見えている相手」に自分を観る。それが自分を知ることです。嫌な自分は自分の絶望の投影でもあります。

レベル2　①「弱さの絶望」　a 現実逃避タイプの対処法

自分自身であろうと欲しないタイプ。本書の事例では、Chapter4のみゆきさん（必然性）、Chapter3の尚子さん（可能性）がこのタイプ。

対処法は、まず、自分を「選ぶ」こと。そのうえで、抽象的な反省をやめて、「自分は誰であるのか」を具体的に探求し、設定してみること。

レベル2 ①「弱さの絶望」 b 腹立ちタイプの対処法

自分の弱さに腹を立てているタイプ。実際は腹の立つことは何も起きていないが、自分でつくり上げた物語に腹を立てている。本書の事例では、Chapter1の浩一さん（無限性）、Chapert2の静子さん（有限性）がこのタイプ。

対処法は、何も起きていないことに気づき、新しく創作した自分の人生に関わっていくこと。

レベル2 ②「強さの絶望」 a 傲慢タイプの対処法

自分自身であろうと欲するタイプ。本書の事例では、Chapter5の和恵さん（無限性）、Chapter7の章太さん（可能性）がこのタイプ。

対処としては、まず、自己否定をしていることに気づくこと。そのうえで、自我を絶対として傲慢な態度をとってしまう癖を観察すること。

レベル2　②「強さの絶望」 b悲しみタイプ

永遠なるものに駆り立てられているタイプ。未来の自分自身への絶望を悲しんでいるが、その悲しみを味わうことを避けようとしている。本書の事例では、**Chapter6の俊夫さん（有限性）**、**Chapter8の泉さん（必然性）**がこのタイプ。

対処法は、自分の感情をしっかり味わうこと。

あなたはどのタイプでしょうか？　自己分析して自分のタイプを知り、あなたが陥っている絶望から抜け出してください。

おわりに――自分とも、他人とも、ホンネで対話をしていこう

先日、あるお母さんが相談にみえました。

「子どもが、隣に住むおじいさんの大切にしていた植木鉢を割ってしまったので、すぐに新しい植木鉢を買ってお届けしました。だけど、おじいさんは許してくれなかったみたいで、今日も怖い顔でにらまれました。もう、どうしたらいいか、わかりません」

私は、

「そのおじいさんに『どうしてほしいのか』聞いてみましたか？」

と尋ねました。

すると、お母さんは、

「聞いていません」

と答えるのです。

お母さんに悪気はありません。でも、あまり深く考えずに、新しい植木鉢を弁償して、壊したことをなかったことにしようとしてしまったのです。それでは、問題の解決になりません。

この場合、問題の解決に必要なのは、ホンネによる対話。これに尽きます。

そのお母さんは植木鉢を買って届ける前に、子どもと一緒におじいさんを訪ね、「このたびは申し訳ありませんでした。私にできることがありましたら、どうぞおっしゃってください」と言ったほうがよかった。そのおじいさんが偏屈な人でなければ、その場で許してくれたでしょう。

「おじいさんに新しい植木鉢を届ければきっと許してくれるだろう」というのは、お母さんの想像にすぎません。まずは、おじいさんに会って、話を聞く。ホンネで対話をする。それが、現実の世界に目を向けるということです。

私にあらためてホンネの大切さ、を教えてくれたのはキルケゴールです。

ホンネで生きるということは、

- 自分の周りで起こるできごとを、自分事として捉える
- 目の前で起きたこと、自分がやってしまったこと（失敗）にすぐにフタをしない
- 自分にウソをつかない
- 誰かとの間に問題が起きたならば、相手のホンネをていねいに聞いて、ともに解決策を考える

ということです。

ホンネで生きていれば、心の中が波立つことがありません。

波立つことがあっても、自分でコントロールできます。

心の中が波立たないと、人と争うことがなくなります。

誰かとケンカするのも、もっといえば、戦争が起こるのも、互いの国の権力者の心の中が波立っているからです。

一人ひとりがホンネで語り合えれば、穏やかな社会、平和な世界が実現できると信じています。

＊

2018年7月の『超解釈 サルトルの教え』の発売から5年半が経ち、ようやく『超解釈 キルケゴールの教え』の出版にこぎつけました。

この期間、仲間とともに「個」としての自分を探求し続けました。特にコロナ禍の3年間は〝自分を観る〟機会が増え、その結果、キルケゴールの教えに行きつきました。

この本の提案に最初に賛同してくださった山本さん、出版を承諾してくださった森岡さん、一緒に文字化をしてくださった小川さん、ありがとうございました。

企画から最後まで、そしてイラストまで担当してくれた稲田さん、ずっと支えてくれた裕子さん、アイアイ・アソシエイツの仲間の皆さん、心から感謝致します。

秘書の萬田さんと夫の堤眞也には24時間支えてもらいました。

心血を注いだ2冊目の本を出版でき、一人では成しえないことを達成した今は、充実感と喜びの気持ちでいっぱいです。

ありがとうございました。

本書を読まれたみなさんがホンネで生きられるようになることを、心から願っています。

堤　久美子

2023年12月

参考文献

『キェルケゴールの日記――哲学と信仰のあいだ』セーレン・キェルケゴール著、鈴木祐丞編訳、講談社
『キルケゴール著作集〈第1巻〉あれか、これか』浅井真男訳、白水社
『人と思想 19キルケゴール』工藤綏夫著、清水書院
『反復』セーレン・キルケゴール著、桝田啓三郎訳、岩波文庫
『キルケゴールの言葉XIII 人生の知恵』大谷愛人訳編、彌生書房
『死に至る病』セーレン・キェルケゴール著、鈴木祐丞訳、講談社学術文庫
『死にいたる病、現代の批判』キルケゴール著、桝田啓三郎訳、中公クラシックス
『新訳　不安の概念』セーレン・キルケゴール著、村上恭一訳、平凡社ライブラリー
『キルケゴール　美と倫理のはざまに立つ哲学』藤野寛著、岩波現代全書
『キルケゴール著作集 15 愛のわざ 第1部』武藤一雄訳・芦津丈夫訳、白水社
『90分でわかるキルケゴール』ポール・ストラザーン著、浅見昇吾訳、青山出版社
『死に至る病』キェルケゴール著、斎藤信治訳、岩波文庫
『死にいたる病』セーレン・キルケゴール著、桝田啓三郎訳、ちくま学芸文庫
『キェルケゴール「死に至る病」』山下秀智著、晃洋書房
『人間になるということ　キルケゴールから現代へ』須藤孝也著、以文社
『まんがで読破　死に至る病』キェルケゴール作、バラエティ・アートワークス企画・漫画、イースト・プレス
『誰も教えてくれなかった「死」の哲学入門』内藤理恵子著、日本実業出版社
『現代における実存主義の意味　キルケゴールからサルトルへ』青柳進著、近代文芸社

『キェルケゴール　哲学的断片・後書』鬼頭英一訳、評論社
『世界の名著　キルケゴール』桝田啓三郎訳、中央公論社
『キルケゴールとアンデルセン』室井光弘、講談社
『ヘーゲル　精神現象学入門』長谷川宏、講談社選書メチエ
『ヘーゲル　生きてゆく力として弁証法』栗原隆、ＮＨＫ出版

ブックデザイン／八木麻祐子（Ｉｓｓｈｉｋｉ）
企画／山本時嗣
構成／小川真理子
本文イラスト／稲田かよ
図版／デマンド

堤 久美子(つつみ くみこ)

1964年生まれ。一般社団法人アイアイ・アソシエイツ理事。株式会社アイプラス取締役。家族関係心理士。'89年、哲学・心理学・医学の大家に出会い、2004年までの15年間薫陶を受ける。'05年、株式会社アイプラスを設立し独立。その後も多岐にわたり教育を受けつつ、個人向け、企業向けの教育の分野に携わる。'09年、日本の調和した愛と内なる平和を源とした、個人の天才性を発揮する教育プログラム「アイアイ講座」の提供を開始。'15年、〝120万人「個の発展」〟をヴィジョンに掲げ、一般社団法人アイアイ・アソシエイツを設立。現在までに講座、講演、セミナーの参加者は、のべ3万人に上る。'18年に上梓した初の著書『超解釈 サルトルの教え』（光文社）は版を重ね、韓国でも出版される。

超解釈《ちようかいしやく》 キルケゴールの教《おし》え

「絶望《ぜつぼう》」を考《かんが》え抜《ぬ》いた哲学者《てつがくしや》に学《まな》ぶ「詰《つ》んだ」人生《じんせい》から抜《ぬ》け出《だ》す方法《ほうほう》

2024年1月30日　初版1刷発行

著　者　堤 久美子
発行者　三宅貴久
発行所　株式会社光文社
〒112-8011　東京都文京区音羽1-16-6
電話　編集部 03-5395-8147　書籍販売部 03-5395-8112　業務部 03-5395-8125
落丁本・乱丁本は業務部へご連絡くだされば、お取り替えいたします。
印刷所　萩原印刷
組　版　萩原印刷
製本所　ナショナル製本

ISBN 978-4-334-10201-2